「究」叢書・知を究める 11

ウメサオタダオが語る、梅棹忠夫

アーカイブズの山を登る

小長谷有紀［著］

ミネルヴァ書房

ウメサオタダオが語る、梅棹忠夫——アーカイブズの山を登る

目次

序章　梅棹のコーパス

新聞記者からの電話

二〇一〇年七月六日、朝一〇時を過ぎたころだったように思う。知り合いの新聞記者から電話がかかってきた。

「梅棹忠夫先生が亡くなったという情報が流れていますが、本当でしょうか」。

私は知らなかった。とりあえず、調べてわかりしだい連絡すると伝えて電話を切った。とはいえ、どうやって真偽を確かめようか。まず「梅棹資料室」に電話してみた。梅棹資料室とは、梅棹の残した資料を保管、整理しているところである。

現在、資料群は「梅棹アーカイブズ」と総称され、その整理にあたる梅棹資料室は国立民族学博物館、通称「みんぱく」の、図書室の隣にある。梅棹アーカイブズには、何万点あるのか数えられないほどの資料がある。『知的生産の技術』（岩波新書、一九六九年）のためのメモや草稿など梅棹個人の著作に関する資料もあれば、みんぱくの創設に関する会議資料のように公的な記録も少なくない。

私が整理に携わっているのはモンゴルに関するものだけだが、それだけでも写真一〇〇〇点、書き込みのある地図三枚、スケッチ約三〇〇点、フィールドノート約五〇冊、それをカード化したもの約五〇〇〇枚、原稿約一二〇〇枚など、膨大な数にのぼる。

これらの資料はおおむね時代順に、古いものからスキャニング作業に供されており、スキャンされたデータは順次、今後、公開される予定だ。ただ、当時はまだ、梅棹忠夫が国立民族学博物館顧問という立場で利用していた部屋のことを「梅棹資料室」と呼んでいた。今から思うと、すでに生前から「梅棹資料室」だった。みんぱくにとって彼は生きているうちから、もう「資料」だったのである。

話をもどそう。その資料室に電話をすると歯切れが悪い。

「申し訳ありません。何も言えないことになっています」。

これはもう事実ということにほかならない。誤報であることを認めない以上、情報が事実であることはもはや明らかであった。

実は、私はそのとき、予約を入れてあった美容院へ向かっていた。すわ、たいへんと駆けつけてもどうなるものでもあるまい。大先生が危篤というのなら、万難を排して駆けつけるのが筋だろうけれども、すでに死亡の情報が一部のマスコミのあいだで飛び交い、かつ箝口令が敷かれ、かつ自分はその箝口令の外にいる。そんな状況で駆けつける意味などありそうにはなかった。

ちなみに、出勤前に美容院へ行くのは決してさぼりではないことをお断りしておきたい。フレックスタイム制で時間の使い方は自由なのである。実は、研究者にとって休みなどない。とりわけ人文系の場合、実験系の理系とはちがって、家で休むときこそ、論文を読んだり、書いたり、まさに「書き入れ時」となる。当時、私は民族社会研究部の部長をしていた。会議は月に一〇〜二〇回ある。一度聞いたことをまた聞くような会議もあるので、無駄を省くために会議の再編成を提案すると、そのための会議をしなければならないというので、ばかばかしくて提案をとりさげた。要するに、時間のやりくりは生命線であり、美容院の空いている時間帯を狙うというのも、時間のやりくりのひとつなのであった。

二人の懐刀

さて、美容院からみんぱくへ向かうまえに私は松原先生に電話をかけてみることにした。松原正毅は石毛直道とともに梅棹忠夫の懐刀である。二人はともに京都大学文学部の考古学教室を卒業し、梅棹忠夫のサロンを盛り上げた世代であり、みんぱく創設期からのスタッフであった。黒田官兵衛や竹中半兵衛になぞらえたくもなるのだが、彼らになぞらえると梅棹を豊臣秀吉に見立てることになってしまうので、それは不適切であるような気がする。けだし、清濁併せ飲むという点で最大の軍師は梅棹をおいてほかなく、その両腕となっていたのが石毛、松原であるとだけ言っておけばよいだろう。

松原先生は一九九四年以来、五年間、毎年一カ月モンゴル高原を走破する調査をおこない、私も可能なかぎり、参加させていただいた（詳しくは拙著『人類学者は草原に育つ——変貌するモンゴルとともに』臨川書店、二〇一四年）。また二〇〇一年にNPO法人モンゴルパートナーシップ研究所を創設するにあたって理事長を務めていただき、二〇一五年度までお世話になった方である。

受話器から開口一番、思わぬ回答があった。

「きのう、寺に行ってきたばかりだ」。

葬儀を済ませた時点で情報公開する、ということを生前から決めてあったそうである。インターネット情報もその約束にもとづいて流れたのだろう。

のちに伝え聞くところによると、家族や親族のほかに研究者として参列したのは石毛、松原、さらに小山修三の三名のみだった。生前から、家族と親族以外に許容されていたのは三名だけだったという。

くだんの記者に私の知り得たことを伝えた。午前一一時過ぎだったように思う。私自身はどこに忠義立てする必要もないから、他社から電話があれば同じように、この確実な情報をお伝えしただろう。しかし、他社の知り合いの記者から電話はかかってこなかった。新聞社によっては確認が遅れたために、夕刊の印刷ひいては配達が遅れたところもあったと聞く。

それにしても、死亡の確認のためにこれほど急ぐことが重視され、新聞社のあいだでしのぎをけずるなんて。梅棹忠夫の社会的存在の大きさをあらためて思い知らされた。

緊急記者会見を開く

みんぱくに到着すると、夕方四時三〇分に記者会見をすることが報道機関にリリースされており、その準備が進められていた。私の場合、偶然にも髪の毛は整えられたばかりだったが、服装に問題があった。ジーパンにTシャツにカーディガン。しかもTシャツの前面にはスコットランド出身のデイヴィッド・シュリグリー（David Shrigley）の絵が付いている。落書き画家という異名をとる、この人の絵は「知の巨人」にはいかにも不向きではないか。一方、カーディガンの背面にはガイコツの柄が付いている。チベット仏教ふうに「死を越える力です！」とでも解説したものか。色はグレイに統一されてはいるが、黒でもない。およそＴＰＯをわきまえない身だしなみであった。

そんな衣装問題よりもっと大きな問題がこの記者会見にはあった。毎月、みんぱくが実施する記者懇談会には数名の記者しか来ていただけないが、当日は、五〇名近かったように思われる。皆さん、特別な情報を期待して集まって来られたにちがいない。しかし、記者会見で報じようと用意された内容はすでに新聞記事になってしまっていたのである。

私たちの机の上には夕刊が並んでおり、それら大阪本社版の夕刊には一面で大きく梅棹の死が伝えられていた。各紙の取り上げ方やコメンテーターのちがいを比較検討することもできた。どの新聞社が早いか遅いかは私たちにはわからなかった。いずれにせよ、もう紙面に書かれている内容が読み上げられたものだから、当然、記者からの質問が相次ぐ。もっぱら館長に対して、最後に会ったのはいつか、最後の会話は何か、これまでの思い出深いエピソードは、と質問が集中した。

いろいろな質疑応答から派生して、ある新聞記者がみんぱくの入館者数の時代的変容を詳細に聞き始めた。時間にしてせいぜい五分くらいのことだったかもしれないが、一〇分くらいかかったように長く感じた。記者会見の趣旨があらぬ方向へ行ってしまいそうだと感じられたからである。

そんななか、一人の女性記者が流れを変える質問をした。

「追悼のために、なにか展示のような企画の予定はありますか」。

それは彼ら新聞記者の方がたにとってはごく自然な質問だったかもしれない。しかし、私たち館内の研究者にとっては意表をつく質問だったように思う。少なくとも私自身はまったく考えていなかった。一般に、高名な名誉教授が亡くなれば「しのぶ会」を実施するものである。講演会やシンポジウムといった行事が並行して開催されることもあるが、展示とはいささか予想外だった。

ウメサオタダオ展開催決定

私自身がその質問に動揺していたせいか、記者会見で正式に誰がどのように回答したか記憶にない。本件に関する私の記憶はそのまま会見後の臨時部長会議へと飛ぶ。

館長室に集合した私たちに対して、須藤健一館長から、梅棹忠夫を追悼する展示を実施する旨が告げられた。そして、展示の実行委員長を私が務めることになった。

私は決して梅棹忠夫の弟子ではない。彼がまだ目の見えるうちには一度しか会ったことがなく、彼から指導を受けた経験がないからである。しかし、『梅棹忠夫著作集』（中央公論社、一九八九〜一九九四年）の編集者たちのなかで、現役で当時みんぱくに残っていたのは、中牧弘允、庄司博史、近藤雅樹、吉田憲司、小長谷有紀の五人にすぎず、私がもっとも若かった。それで白羽の矢が立ったのである。

一般に、展示の準備には少なくとも三年ほどかかるものである。だから、せめて一年後くらいの開催を希望した。しかし、会期は二〇一一年三月一〇日オープンとその場で決まった。なんと、半年しかない。六倍速で準備をしなければならないのだった。

私はそれまで、決して梅棹の熱心な読者ではなかった。モンゴルに関するものならともかく、梅棹の著作をすべて読んだわけではない。ましてや、彼の残した資料の全貌などまったく知らない。戦略的にとりくまなければ、とても実施にこぎつけないだろう。

そこで、実行委員長を引き受けるにあたって、専属のアルバイトを雇うことと、図録の編集者は私が選ぶことを認めてもらった。知っている人でないと無茶は頼めないに決まっている。無茶を承知のうえで六倍速を実現するためのチームを編成した。

八月末までは予定されていた海外調査をこなし、九月から展示の準備を始めた。まず、一カ月かけて著作集全二二巻を読んだ。おもしろいと思うところに線を引きながら。そして、私が線を引いたところを、アルバイトの方にワープロでタイピングしてもらう。これによって、濃縮版デジタル著作集のできあがり。ファイル名は「梅棹忠夫のことば」とした。以後、この「梅棹忠夫のことば」テキストを使って展示場のキャプション等を作ることになる。

わずか一回かぎり、しかも読み飛ばしにすぎないけれども、そうやって最小限の知識を脳みそにたたきこんでから、私は「梅棹アーカイブズ」の資料と対峙した。何万点もの資料から、展示に必要だと思われるものを選び出してゆく作業は、私にとって「梅棹忠夫との出会い」そのものだった。

中学生になったばかりの川喜田二郎からの年賀状、山のスケッチ、自画像、ローマ字日記、切手帳、館長時代のスケジュールなど、ありとあらゆるものが残されていた。

これらの膨大な資料を点検する作業は一種のフィールドワークであると言っても過言ではない。

ただし、フィールドワークなら記録を付けるものだが、記録を付ける余裕がなかった。だから、あのフィールドノートなきフィールドワークを私は今から思い出し、書き付けようとしている。それはコーパス（遺体あるいは資料）を通じた梅棹探訪となるだろう。

コーパスとは、一般に、まとまった資料集成を指し、とくに言語学ではテキストや発話を集めた大規模な資料集積を指す。英語で corpus と言えば、屍体の意味でもあり、定冠詞をつければ、キリストのご遺体を指す。アーカイブズとして彼が残した資料は、いわば彼の遺体でもあるだろう。

アーカイブズに探る梅棹忠夫への道。よろしければ、どうぞ、読者の皆さんもご一緒に。

第1章　資料としての梅棹

1　近くて遠い今西錦司との仲

梅棹アーカイブズのなかで、もっとも早く整理が進んだのは写真類である。梅棹はかなりのカメラ好きかつ写真好きであることに加えて、整理好きでもあり、自分自身で撮影した写真はおおよそ整理されていたからだと言ってよいかもしれない。整理好きについても、カメラ好きかつ写真好きについても別に節をもうけて後述する。

梅棹アーカイブズの写真のなかに、ごくまれに自分自身で撮影していない写真もまじっている。内モンゴル調査のときの写真がその代表的なものだ。

親密な二人

一九四四年、張家口（現在の、中国河北省）に「西北研究所」が設立された。張家口は当時、「蒙古自治邦」という一種の傀儡政権の首都であった。この町には日本の外務省の資金により、「蒙古善隣協会」という財団法人が設立されており、同協会はモンゴル人などに対する病院や学校の運営など文化政策を担っていた。同協会にはすでに蒙古研究所と回教圏研究所があったうえに、さらに新たに「西北研究所」が設立されたのは、新疆、甘粛、青海方面への日本の進出を期してのことである。しかし、それは名目であって意外にも純粋な学術機関であったと梅棹は回想している(藍野裕之『梅棹忠夫――未知への限りない情熱』山と溪谷社、二〇一一年、一六二頁)。

当時の同研究所の状況については、中生勝美氏が『近代日本の人類学史――帝国と植民地の記憶』(風響社、二〇一六年)という大著で検討している。その結論によれば、「一九三〇年代後半の日本の占領政策や戦争遂行の計画から言えば、ソ連との国境付近に居住したオロチョン族やダフール族、さらにムスリムへの宣撫工作が重視された」が、「それに対してモンゴル族への宣撫政策は、軍事的側面から重視されておらず、単に食料と家畜の増産だけが政策目標とされた。こうした時代背景が幸いして、西北研究所のモンゴル研究は、軍事的空白地帯として自由な研究が可能になったと思われる」とある(同書、四五四頁)。しかし、ソ連の指導のもとで軍事的に活動したモンゴル人民共和国との国境付近にはモンゴル系のブリヤート族がいたし、また興安軍は満洲国下のモンゴル人による騎兵隊である(楊海英『日本陸軍とモンゴル――興安軍官学校の知られざる戦い』中公新書、二〇一五年)。したがって、軍事的側面から重視されていないとは言えまい。新京を首都とする満洲国と、張家口を首都とする蒙古自治邦は、いずれも日本の傀儡政権ではあったが、その傀儡の度合いのちがいはあっただろう。さらに、西北研究所の「西北」という命名に象徴される国策としての研究目的があ

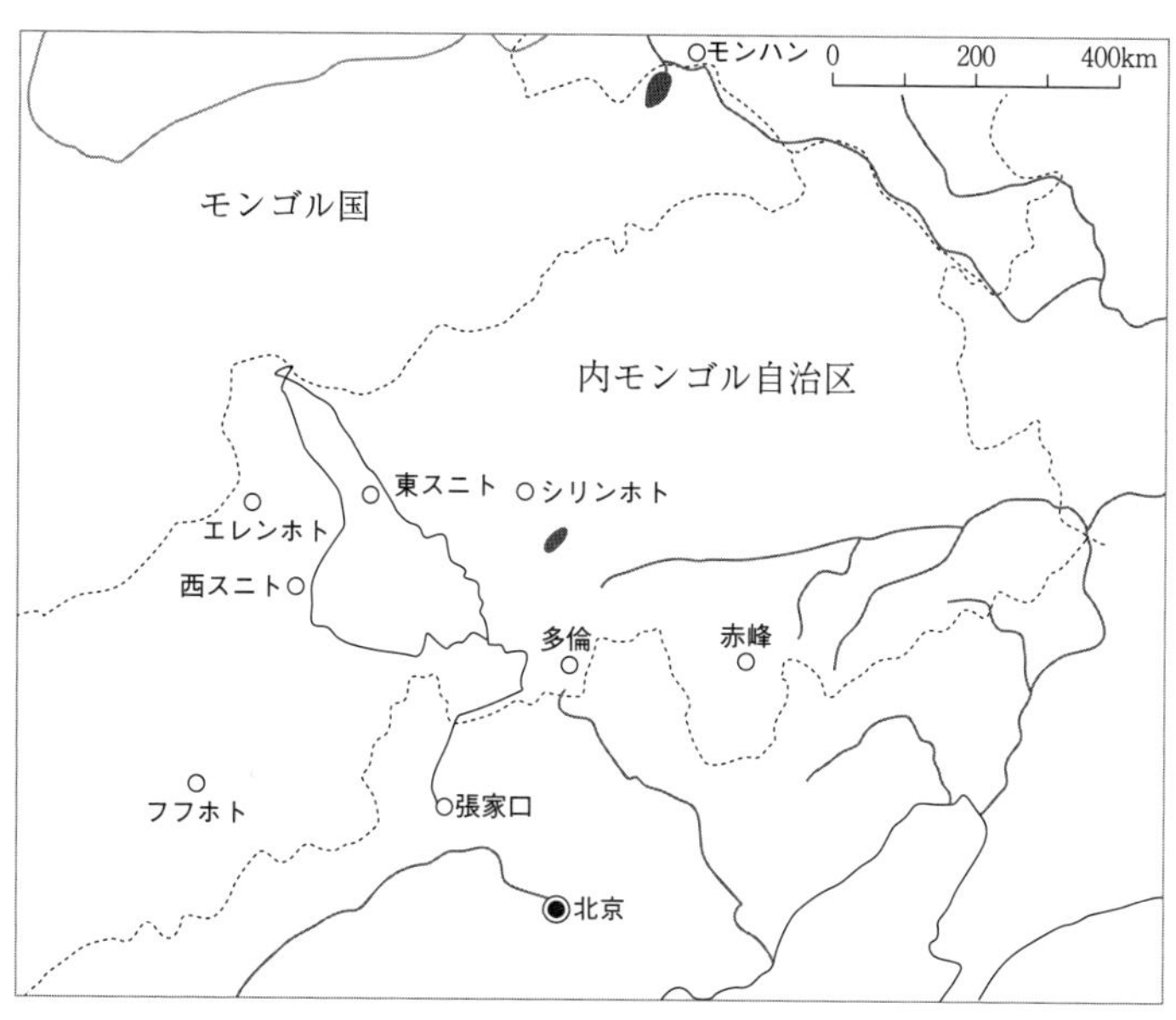

梅棹忠夫のモンゴル調査行（1944年9月〜1945年2月）

（出典）著者作成

くまでもイスラーム圏あるいはムスリムの調査であったことが、それ以外の諸活動を比較的自由にさせた最大の理由であると思われる。

西北研究所の所長は今西錦司で、副所長に石田英一郎があたることによって、文理のバランスと同時に東西すなわち東京大学と京都大学のバランスもはかられた。今西所長は理系の所員として京都大学から昆虫生態学の森下正明と植物遺伝学の中尾佐助を選び、さらにまだ大学を卒業したばかりの和崎洋一（地球物理学）と梅棹忠夫（動物生態学）の二名を選んで、嘱託という身分で加えた。

アーカイブズに登録された写真のう

ち、西北研究所時代のものは約一〇〇枚。いずれも和崎洋一の撮影したものであり、現在、デジタル化され、研究用として閲覧することができる。

和崎写真の多くは一九四四年九月六日から始まった現地調査の風景を切り取っている。まず、張家口からトラックの荷台に揺られて北上し、粛親王府南牧場まで至ると、そこからは牛車と騎馬で

読書する今西錦司

出立準備か？

地図を手に梅棹と今西

（出典）国立民族学博物館提供（撮影・和崎洋一）

移動した。冬期にはラクダに乗り換え、翌年二月二六日に研究所にもどる。この現地調査は、およそ一五〇〇キロメートルを約一六〇日で移動するものだった。

和崎は、入営のために帰国するまでこの調査に同行し、グンシャンダク砂漠を横断する調査隊の様子などを記録にとどめた。

たとえば、キャンプ地で今西が読書をしている写真がある。宿営後ただちに読書にいそしむこともあったのだろうか。いかにも隊長らしい風情をかもしだしている。

一方、あわただしく出立準備にとりかかっているような様子をうつしだしている写真のなかには、せっせとテントをたたんでいる（ような）梅棹が見受けられる（画面中央、棒を持っている）。無給の嘱託員として帯同されている以上、しっかり働くのは若者の務めであったにちがいない。

これら二枚の写真は二人の職階上の差をはっきりと示している。しかし、こと研究に関してなら、二人は対等であっただろう。そう思わせるような写真もある。屋外で、とても寒そうななか、地図を手にしながら二人で語り合っているツーショットは、梅棹が今西にとって調査研究上の参謀であったことをうかがわせる。ところが、これほど親密な関係は、やがて、少々、亀裂を含みもつものになる。


「いまはいっさいふれないでおく」

今西錦司は、棲み分け理論や「変わるべくして変わる」という哲学的進化論でも知られている生物学者であり、日本における霊長類学の祖である。モンゴルに関しては、戦後すぐ一九四八年に京都の秋田屋から『遊牧論そのほか』を著し、遊牧の起源を論じた。狩猟民が有蹄類の群れを追いかけているうちに家畜化がはたされたという仮説を提示した。

この起源論をめぐって、梅棹はほぼ生涯をかけて異議を感じていたと言ってもよい。異論を唱えたのではない。梅棹のオリジナルな見解だという異議を唱えようとした。西北研究所にいた藤枝晃は「遊牧論は梅棹の説で、それを今西さんが世に出した」とあたかも役割分担であったかのように、はっきり証言している（「西北研究所の思い出——藤枝晃博士談話記録」『奈良史学』四号、奈良大学、一九八六年）。とりあえず、遊牧論をめぐる「先取争い」とでも呼んでおこう。

今西錦司全集の第二巻『草原行・遊牧論そのほか』（講談社、一九七四年）の解題で、梅棹は「かきたいことは山ほどあるが、いまはいっさいふれないでおく」と書いている。異議申し立てを表明すると同時に、その口をつぐんだ。いったい、いつになったら言うつもりだったのだろうか。

一九九六年に日本経済新聞で連載された自伝的随筆が翌年『行為と妄想』（日本経済新聞社、一九九七年、二〇〇二年より中公文庫）という書籍にまとめられた際にようやく、この仮説は自分の言い出した学説であると告げた。

ただし、「いわば共同研究の成果ともいえるものだし、……だから、わたしは今西さんと功績をあらそうつもりはなかったし、まあよいではないかとおもっていたのである」と、かなりトーンダウンしている。まるで「先取争い」の葛藤など自身には無かったかのように。

一九九二年に今西が九〇歳で亡くなってから五年、あの解題が公刊されてから二三年、先がけて発表されてからは実に四九年。「いっさいふれないでおく」ことにする問題が生じてからほぼ半世紀を経て、ようやく言うべきときが来たとき、それはしかし、もはや言い立てるほどのことではなくなってしまっていたのだろう。若々しい闘争精神は、穏やかな好々爺のもとに打ち消されてしまった。

言い換えれば、アーカイブズだけが、過去をその時点の思いとともに保存する唯一の装置だということである。そもそも記憶とは、現在に都合のよいように修正されてしまうものだ。今を生きる自分を安定させるために、過去は現在の自分に統合されてゆく。嘘をつく気などさらさらなくても、自然に、自己統一（アイデンティティ）のための調整を経てしまうものなのだ。

失恋を例にあげればわかりやすいにちがいない。若いとき、相当の打撃を受けて嘆き苦しむことがあっても、後年になってみれば、「良い経験になった」と思い出される、なんてことは誰にでもあることだろう。同じ失恋であっても、失恋の時点と、後年の振り返り時点とでは、意味が変化している。失恋の時点での日記では悲しみに沈み込み、はたまた失恋の時点での手紙では恨みつらみを連ねてあっても、後年では往々にして良い思い出と化す。

すなわち、アーカイブズから語るということは、後年の自己統一を経ていないという一点においいて、自伝やインタビュー談とは本質的に異なっているのである。

アーカイブズに発見される記録、本人の後日の記録、さまざまな間接的証言などのあいだの矛盾は、必ずしもいずれかの過ちを示しているわけではない。過去の思い出というものは、ひとりでに成長し、変化してしまうだけのことだ。

実のところ、梅棹本人が晩年、あたかも軋轢などまったくなかったかのように納得してしまうまでにも、その「先取争い」をただす試みはあるにはあった。

まず、著作集第二巻『モンゴル研究』（一九九〇年）には、現地調査直後に張家口で開催された報告会での原稿「西北研究所内蒙古調査隊報告」が所収され、すでに起源論の仮説が含まれていたことがわかるように編集された。

また、この著作集に際して刊行されていた「月報7」において、かつて西北研究所の同僚であった磯野富士子氏も証言を寄せている（「西北研究所回想」著作集第二巻、月報第七回、一九九〇年一〇月）。少し長くなるが、西北研究所の当時の雰囲気を映し出しているのでそのまま以下に引用しておきたい。

「張家口というのは、古来モンゴルと中国との貿易の関門で、遠くはトルキスタンからはるばるやって来たラクダの隊商がこの大境門をくぐって城内に入った。万里の長城が両側の山から逆

落しに迫ってくる狭間の城門をくぐって十人ばかりの一行が進んで行くうちに、ゆうゆうと先頭を歩くボスに続く中堅組から、

今西さんのあーごは、なーがいなー。
ロング・ロング・アゴー、
ロング・ロング・アゴー。

という歌声がおこった。

そのような畏れ多い合唱に和することもならずに、一番後ろからついて行くうちに、これも新人の遠慮からか、直属の大先生への畏敬の念からか、あるいは、最年少ながらこんな大人気ない所業に参加するのを、いさぎよしとしなかったためか、やはり皆から少し離れて歩く梅棹さんと並ぶことになった。

すると、それまで言葉を交わしたこともなかった梅棹さんが突然「モンゴルの遊牧は、人間が家畜を連れて歩くのではのうて、家畜に人間がついて歩くのですわ」と宣言された。それで私も戦後今西さんの「遊牧論」で有名となった野生動物の「群れごとの家畜化」理論の一環に初めて触れたわけである」。

西北研究所は張家口の城内にあり、宿舎は城外にあった。磯野氏の記述は、城外から城内へ入る

様子を描いているから、宿舎から研究所への、いわば集団出勤の様子を描いていると思われる。所長と中堅研究者とのあいだの親しさと比べて、若手研究者たちとのあいだには礼儀上の距離があったようだ。と同時に、後年、今西の遊牧論として知られる発想を当時、梅棹が熱く語っていたことも知れる。

こうした周りからの証言を得ていたものの、結果的には今西の没後ようやく初めて、みずから、しかし、もはやさりげなく、争いの気持ちを超えてオリジナリティを主張したことになる。

このたび、アーカイブズのなかで今西のフィールドノートも一一冊確定された。今後、今西と梅棹の議論の跡を今西側からたどることもできるかもしれない。一方、梅棹側からたどることはかなり難しそうである。というのも、梅棹のフィールドノートはもっぱら現地の実態に関する記録であって、今西との議論のみならず、およそ他人との議論の記録は今のところ見あたらないからだ。

梅棹は帰国して大学院生にもどると、膨大な記録を整理したが、そのあいだに今西は本を出版してしまったのだった。

今西からの攻勢

梅棹にとって今西が大切な指導者の一人であることはまちがいない。内モンゴルへ出発するまえ、一九四四年一月に梅棹は結婚しており、媒酌人を務めたのは今西夫妻である。また京都大学学士山岳会に入会する権利をもっていなかった梅棹を当会に推薦したのも今西である。しかし、梅棹が年賀の挨拶にまず訪問するのは、動物生態学の恩師である宮地伝三郎や京大人文科学研究所（以下、人文研）の桑原武夫であったらしい。単に行きやすい順に行っただけだとも伝えられているから、次のように言えばよいだろう。物理的距離の近い順に訪問するという合理的な選択をすることによって、心理的距離の遠近も調整することができた、と。サルの研究に今西が誘っているハガキも残っている（本章第2節）。また、二人の元秘書たちから聞くところによれば、梅棹は「サルには興味もあったが、人間関係がかなわんかった」と述懐していた。梅棹のいう人間関係とは、学問の場に姻戚関係が影響を及ぼすことを指していたらしい。さらに、私見をあえて加えておくと、旧制高校でならしばしばあったであろうはずの男色を避けるという意味も含まれていたかもしれない。理由はともかく、梅棹は霊長類の学徒にはならなかった。

この二人はいずれも京都西陣の出身でありながら、さまざまな点で好対照を成している。この点についてはきわめて興味深いので、次節にあらためて書くこととしよう。ここでは、とりあえず、内モンゴル調査行で生まれた仮説をめぐって「先取争い」が発生し、そこに端を発して今西と梅棹のあいだに溝ができていたらしい、ということだけを確認しておきたい。

それにしても、大先生の著作集の解題において、異議申し立てを「言わない」という書き方でしっかり書いておくというあたりは、いかにも京都風のような気がするのだが、読者の皆さんはどう思われただろうか。

書くほうも書くほうだが、載せるほうも載せるほうではないか。自分に対する反駁をそのまま全集に掲載してしまうのだから、いかにも大物だという印象を与えずにはおかない。ただし、今西も、黙っていたわけではない。

くだんの今西全集第二巻には、「中尾の『栽培植物と農耕の起源』に匹敵するような『家畜と牧畜の起源』といった書物は、いまだ刊行をみるにいたっていないのである」と書かれており、梅棹が何もまとめていないことを暗に批判しているかのように読める。否、名指しも同然の如く、はっきりと批判していると読める。

この時点で梅棹はすでに「文明の生態史観序説」（一九五七年）や「情報産業論」（一九六三年）を提示し、関心の中心を文明論にシフトしていた。したがって、中尾が植物生態学に貢献するのと同じように、梅棹に動物生態学への寄与を求めても、もはや詮無きことであったろうに。

ところが、今西に批判されて発奮したのか、一九六四年におこなわれた岩波講座での講演にもとづいて、一二年後に、『狩猟と遊牧の世界——自然社会の進化』（講談社学術文庫、一九七六年）がようやく刊行された。今西からの攻勢に対してなんとか応答することができたのである。

そして、それ以降もう二度と、モンゴル研究にも牧畜研究にも梅棹はもどらなかった。

2 水平思考の生まれる秘訣

西陣の構造

一九八九年の夏だったように思う。当時、私は西陣の一角にある公団住宅に住んでいて、アパートの管理人をしているお宅の子どもたちと一緒に上京区のお地蔵さんを毎朝たずねあるいた。どこにどんな地蔵がまつられているか、その形状を写真にとり、地図に記載していった（利光（＝小長谷）有紀「京都のお地蔵さま（わたしたちのまち探検）」『季刊民族学』一四巻三号、千里文化財団、一九九〇年）。

「夏休みの宿題、してはるん？」

そんなふうに、早起きのお年寄りたちに、ただされる。確かに夏休みではあったが、決して宿題ではなかった。自主的な調査である。

私は学生時代、日本のように人間関係がからまりあうのはうっとうしいと感じてモンゴルに留学したのだったが、かの地ではモンゴルの良さを知ると同時に、ひるがえって日本を再評価するようにもなった。かつて短所だと感じていたことを長所だと思うようになっていた。それぞれの良さが見えてきたとでも言っておこう。

狭いところに大勢が住む、そんな街の暮らしには、きっとなにかしら協調のための文化的なしかけがあるにちがいない。そんなふうに考えるようになり、京都の地蔵盆を調べ始めたのだった。

西陣は言わずと知れた、西陣織の産地である。江戸時代に創業した老舗は通りに面して店を構えている。新興なのか、間口の狭い、うなぎの寝床タイプの織元もある。いずれにせよ、織元は通りに面している。けれども、実際に織る働き手は通りに面して住んではいない。彼らは路地に住む。路地を入ると、ところせましと植木鉢がならんでおり、定番の朝顔が咲きほこり、まれに井戸の跡もある。

そんな路地の奥には必ずと言っていいほど、小さな地蔵たちが鎮座していた。それらはたいてい大日如来さまで、通りの地蔵たちがたいてい阿弥陀如来さまであるのとは異なっていた。仏さまがちがうのだから、まつりの日程もややずれる。大日如来は真言密教において最高位の仏である、という。より大きな救いの力が路地コミュニティにこそ必要なのかもしれない。私の住んでいた一〇階建てのアパートなども、さしずめ高層化した現代の路地であった。

このように、伝統的な都市型産業地区にはあきらかにその産業に由来する格差が埋め込まれていた。今日ではもはやこの地で織ること自体が稀有になった以上、そうした階層構造は変わりつつあるだろう。しかし、今をさかのぼること一〇〇年前をご想像いただきたい。今西が生まれたのは一九〇二年で、梅棹が生まれたのは一九二〇年である。

この職住一致の西陣の、頂点にあるのは織元たちであり、そんな織元の一つ「錦屋」の長男だから錦司と命名された、それが今西錦司である。彼については専論にゆずり（斎藤清明『今西錦司伝』ミネルヴァ書房、二〇一四年、本田靖春『評伝 今西錦司』山と溪谷社、一九九二年、その後、一九九五年から講談社文庫、二〇一二年より岩波現代文庫）、話を梅棹忠夫にもどそう。

大工のルーツ

梅棹忠夫もまた京都西陣の生まれではあるが、実家は織元ではなく、そして織り子でもない。家業は下駄屋であった。小間物屋も営んでいた。このことを梅棹自身は隠していないけれども、積極的に書いてもいない。梅棹が書いたのはむしろ、京都に出てきた曽祖父が、大工であり、琵琶湖の北、菅浦の出身であったことだ。

大工の子孫であることは比較的知られているかもしれない。没後の特集で、糸井重里は、梅棹を「見えない道具も見える道具もつくる」と形容し、大工の子孫であるという吉本隆明との共通点を愛でている（『考える人』二〇一一年夏号、新潮社）。手作業を厭わず、ツールを好む精神が名著『知的生産の技術』を産み、先駆的な「情報産業論」を開いたとみなすのである。

そもそも梅棹自身が『裏がえしの自伝』（講談社、一九九二年）を「わたしは大工」という章から始めるほど、「大工」は梅棹にとって重要な要素であった。この一見、風変わりな自伝は、実際に風変わりである。なりたかったけれども、そうはならなかった職についての経験をつづることにより、

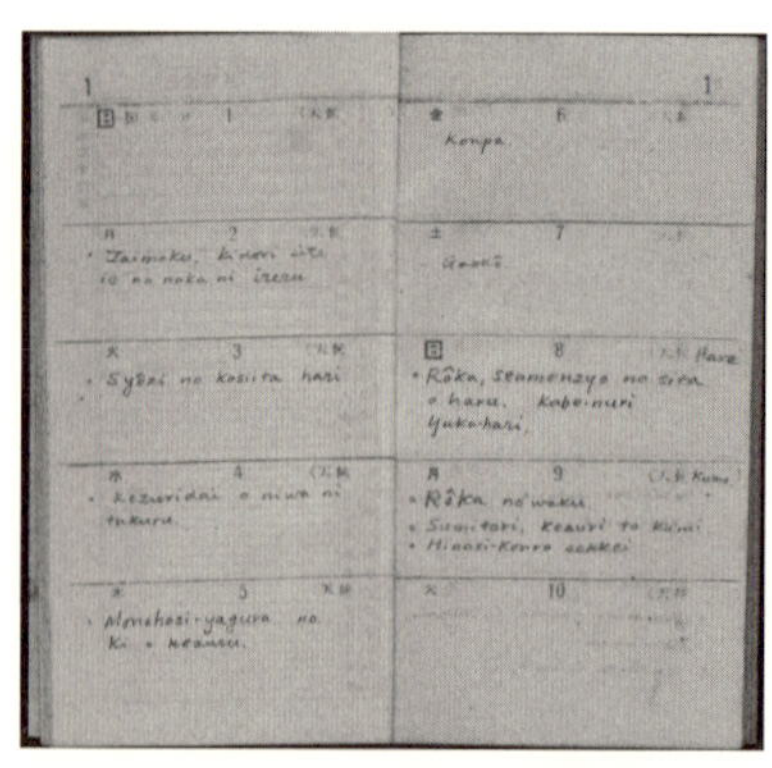

建築日記
（出典）国立民族学博物館提供

履歴書には書かれないような裏側から彼の人生の全容に迫ることができる。

梅棹が大工に凝っていたのは、一九四六年に天津から帰国したのち、一九四九年、西陣の親元を離れ、北白川へ移ってからのことである。若い夫婦にとって、大工仕事は家計の助けにもなったことだろう。新居に移ったころのことを「わたしは大工」で次のように記している。

「わたしはなんとなく、時間をかけてゆっくりやればよいとおもっていた。金ができたときに、それを住宅につぎこんで、改善してゆけばよいとおもっていたのだ。しかし、実際問題としては、そんな金の余裕ができる見こみはあまりなかった。わたしは、大工にたのまなくても、かなりの程度に自分でできるのではないかという、漠然とした期待をもっていた。もちろん、自信も成算もあってのことではない。新聞や雑誌で、自分ひとりで家をたててしまったひとの話などがでていた。しろうとでも自力で家がたてられるのなら、家のなかの修理や家具づくりくらい、できないわけはない、とおもったのだ」。

驚いたことに、アーカイブズには「大工日記」が残されており、こうした回想を裏付けることができる。建築日記という名の市販の日記帳（一九五〇年）に、毎週少ないときでも一回は必ず大工仕事をしており、どんな作業かがローマ字で記録されている。計画的に大工仕事に積極的に取り組んでいた様子がうかがわれる。

曾祖父が菅浦の出身であることから、『日本探検』シリーズには「近江菅浦」の章も予定されていたが、未完に終わった。そのことは著作集第七巻『日本研究』で解説されている。また、没後、その未完原稿も公開された（ＫＡＷＡＤＥ夢ムック・文藝別冊『梅棹忠夫――地球時代の知の巨人』河出書房新社、二〇一一年）。

菅浦は漁師の定着した村で、「菅浦水軍」と呼ばれる海賊ならぬ湖賊もいて、通行料を取るかわりに湖上交通の安全を保証した。梅棹という姓は、水軍の棹と関係しているのかもしれない。

一般に、先祖をさかのぼればさかのぼるほどさまざまな可能性が生じ、特定の人物の性格を一概に実家や先祖の職業によって説明するのは難しくなる。言い換えれば、いかようにでも解説しうるものだから、推論はさしひかえるべきだろう。それでもあえて、対比的に示すことで理解がうながされるのではないかと私は思う。西陣の階層構造の頂点を生家とした今西と、同じ西陣でありながら、その構造からはみ出たところを生家とした梅棹と。

垂直構造と水平構造

今西と梅棹は、ともにモンゴル草原をゆっくりと縦断しながら、家畜群を観察していた。家畜としては、ヒツジ、ヤギ、ウシ、ウマ、ラクダの五種類がいた。牧畜生活に関する現地調査はおこなったものの、群れの行動に注目した、より専門に特化した研究はいまだ着手されないうちに終戦をむかえた。

彼らは帰国後、フィールドワーク先を国内に転じなければならなかった。今西は一九四八年四月、後輩の川村俊蔵をつれて宮崎県の都井岬におもむき、ウマの観察を開始した。そこで偶然、ニホンザルの群れに出あう。一見してボスとわかるサルがいた。この瞬間が、今西における霊長類学の始まりだと言っても過言ではあるまい。

アーカイブズには都井岬から出された八月二五日付の今西のハガキがある。もっぱら研究資金の計画が書かれたあとに、「後継者不足デアル、ナントカシナケレバナラヌ」とある。しかし、梅棹はこれに応じなかった。一一月の再訪には、川村と伊谷純一郎が同行した。一般に、これが日本における霊長類学の始まりとされている。

このように、まるで瓢箪から駒が出るかのように、ウマの群れの研究からサルの群れの研究に急転したのだった。ウマを見るために選ばれた場所がもし宮崎県都井岬でなく北海道日高であったたなら、そこにはニホンザルがいないので、日本の霊長類学の開始は一〇年遅れただろうと言われている。

それにしても、今西はなぜウマに注目したのだろうか。ウマの群れはワン・メイル・ユニットと呼ばれ、種オスを中心としたハーレムをつくる。今西は動物の社会構造を分析するうえで、ウマにおける種オスや、ニホンザルにおけるボスなど、リーダーをもつ集団に対する関心がとりわけ高かった。

一方、梅棹は一九六四年、「動物の社会干渉についての実験的ならびに理論的研究」で京都大学から理学博士号を取得したが、これはヒツジの群れに代えて、オタマジャクシの動きを測定した数理生態学的研究である（著作集第三巻『生態学的研究』一九九一年）。

梅棹が注目したヒツジの群れは、ウマの群れのように明示的なリーダーをもたない。種オスは複数いるし、それらの種オスがメスを率いているわけではない。また、モンゴルでは去勢オスが大量に維持されており、ウマの場合は騸馬（せんば）の群として別に構成されるのに対して、ヒツジの

今西錦司からのハガキ

（出典）国立民族学博物館提供

場合は一般の群れのなかにまざっている。そんなわけで、ヒツジの群れには、種オスもいれば、去勢オスもいて、それらとほぼ同数のメスがいて、それらのメスの産んだ子らがいて、というように性や年齢の異なる複合的な群れが構成されている。

あえて端的に構造のちがいをまとめると、ウマの群れは垂直構造であるのに対して、ヒツジの群れは水平構造なのである。こうした差異は、二人の関心のちがいを如実に反映しているように思われてならない。ヒエラルヒーを好む精神と、フラットに向かう精神とでも言おうか。

梅棹は言語コミュニケーションに関して、ローマ字論者であり、かつエスペランチストであった。梅棹のローマ字論は、漢字を排して難易度を下げ、日本語をよりひろく国際的に利用してもらおうという考えにもとづいている。一方、エスペラントに賛同していたのは、英語の一人勝ちを排して、どんな言語の話者にとっても新しい言語をこそ国際語にすべきだという思想によっている。いずれの考えも、きわめて水平的なコミュニケーションをめざしていたと言ってよいだろう。

こうした水平的な関係を希求する精神に関連して、回想録『行為と妄想』で梅棹自身は「市民的平等感覚」という項目を立てて解説している。しかし、京都の市民がすべてそのような平等感覚を身につけた結果、エスペランチストになるわけではない。梅棹が若いころからもっとも大きな影響を受けた今西錦司との関係性を通して、京都西陣の生活世界に埋め込まれていた階層に対する疎外感あるいは対抗心のようなものによって、その市民的平等感覚が大いに強化され、国際的な平等感覚が培われたのではないだろうか。

およそ水平思考の涵養において、垂直思考への対抗心が少なからず必要であるとしたなら、梅棹の場合、それはもちろん今西を通して、であったろう。梅棹が対抗心を燃やすほどのライバルと言えば、今西錦司と柳田國男ぐらいなのであるから。

下駄屋から ウメサオ書店へ

戦争中に下駄屋は閉業し、借家業が営まれていたところ、梅棹の母は、夫の死後、新刊書籍店を開業した。梅棹によれば、弟や妹たちの面倒をみる余裕が彼にはなかったので、母が書店を経営して弟妹たちを養ったという。確かに経営は生活のためだったろう。ただし、なぜ書店なのか。市電の乗り換え場であり、人の往来があった場所だからだという。それなら、喫茶店でもよかったろう。梅棹の母が、人の往来のある自宅を活用して生計を立てるにあたって、たまさか書店を選択したにすぎないとしても、そんな偶然が実現する必然について想像をたくましくしてみよう。

けだし、しょせん織元には対抗できないが、家業は変えることができる。西陣の構造からすっかり抜け出して息子のめざす学問の世界に役

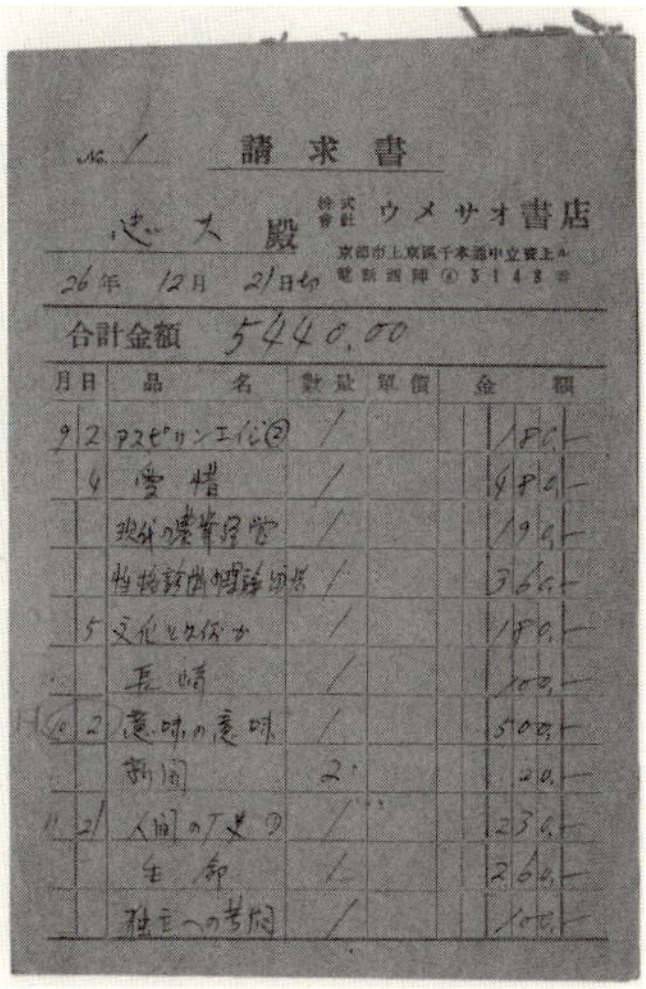
No. 1　請求書

忠夫 殿　　株式会社 ウメサオ書店

京都市上京區千本通中立賣上ル
電話西陣 ④ 3148 番

26年 12月 21日切

合計金額　5440,00

月	日	品名	数量	單價	金額
9	2	アスピリンエイ化②	1		180
	4	愛情	1		480
		[illegible]	1		190
		[illegible]	1		360
	5	文化と文化	1		180
		真晴	1		100
10	2	意味の意味	1		500
		新聞	2		20
11	21	人間の歴史 ②	1		230
		生命	1		260
		独立への苦悩	1		100

ウメサオ書店の請求書

立つ家業へと変更することはできる。

はたして母の想いがどのようなものであったか、それを推測する手がかりはいまのところ、梅棹アーカイブズには見あたらない。残されているのは昭和二六年一二月二一日付で「忠夫殿」と宛てられた「株式会社ウメサオ書店」の請求書だけである。

第2章　知的生産のデザイン

1　「知的生産」の原理

二〇一四年五月六日、ゴールデンウィーク（大型連休）の祝日最終日、大阪駅前にあるグランフロント大阪の北館タワーで、事前予約をした約五〇人を連れながら、私は梅棹忠夫の「知的生産の七つ道具」を解説した。フィールドノートやスケッチブックのレプリカが展開された展示場をまわり、皆さんにそれらを手にとってもらいながら、半世紀以上前に開発された「知的生産の技術」を堪能していただこうという企画である。

情報デザインの未来

そう言えば、二〇一一年に国立民族学博物館（みんぱく）で開催された『ウメサオタダオ展』でも毎日、展示場に立って解説していたことが思い出される。曼荼羅を解説する比丘尼のように、日々、修行という心もちで過ごしたものだった。

当時とのちがいは今回の場合、「こざね」や「京大型カード」など「知的生産の七つ道具」に限定されている点である。それらの道具とは何なのかという具体的な内容へ進む前に、同企画について少しご紹介しておきたい。梅棹の功績がいったいどんな領域で成長しつつあるかを確認するためなので、ぜひともお付き合い願いたい。

「情報デザインの未来・過去・現代」というタイトルをもつシンポジウムの一環として展示がおこなわれ、解説ツアーが設定された。「情報デザイン」という点に的がしぼられているから、梅棹忠夫の多様な知的活動のなかでも「知的生産の技術」に限られているのである。

　このシンポジウムのタイトルは実はとても不自然である。ふつうなら時間軸にそって「過去」「現在」「未来」と並べられるものだろう。ところが、最初に「未来」がくる。そして、「現在」がくるかと思えば、さにあらず。いきなり「過去」にもどる。しかも、「現在」でもなく、時代を感じさせる「現代」を使って締めくくる。不自然だからこそ、このタイトルは、かなり考え抜かれた結果にちがいない。主催者たちの意図を強く反映したタイトルだと推測される。

二一世紀の「知的生産の技術」を考える

　同企画を主催するのは〈21世紀の「知的生産の技術」〉というボランティアな集まりである。情報工学出身のメディア・デザイナーである高橋徹さん（ATR Creative）たちが中心となって立ち上げた研究会だ。それまで設立時のほかに二回の集まりがあり、毎回、多彩な人びとが集った。ウェブ・デザイナーのようにいかにも現代的な情報技術の専門家がいるかと思えば、服飾企画というような、まったく異業種のプロもいる。業界を超え、分野を超えて、ＩＴ時代の「知的生産の技術」を考える会だと言えよう。

今回はそんな集まりの三回目にあたる。グランフロント大阪がオープンしてから一周年を記念するイベントとして取り上げられ、小さな研究会が大きなシンポジウムに変身し、小ぶりながら展示場もしつらえられた。

本企画のサブタイトルは〈梅棹忠夫と21世紀の「知的生産の技術」シンポジウム〉と題されている。情報デザインの「未来」を考えるために梅棹忠夫という「過去」までさかのぼることがこの副題に明示されていると言えよう。また本題と対にしてみれば、〈情報デザイン〉と〈21世紀の「知的生産の技術」〉がほぼ同義であることもわかるだろう。情報デザイン業界の最先端をゆく人びとにとって、どうやら梅棹忠夫はご先祖様として認識されているらしい。

情報学へのインパクト

梅棹忠夫の『知的生産の技術』が岩波新書として刊行されたのは一九六九年だった。当時、コンピューターは計算機にとどまっていた。ワープロはまだ世の中に登場していなかった。そんな昔に書かれた本が、ＩＴ業界の若者たちにとって、いったい、どんな意味があるというのだろうか。

もともと、梅棹の大きく貢献した領域は主として三つに分けられるだろう。一つ目は若いときに中国内モンゴルで実態調査をして以来、実施した牧畜研究の分野。とくにモンゴルでの調査記録は克明で、貴重な歴史資料となっている。

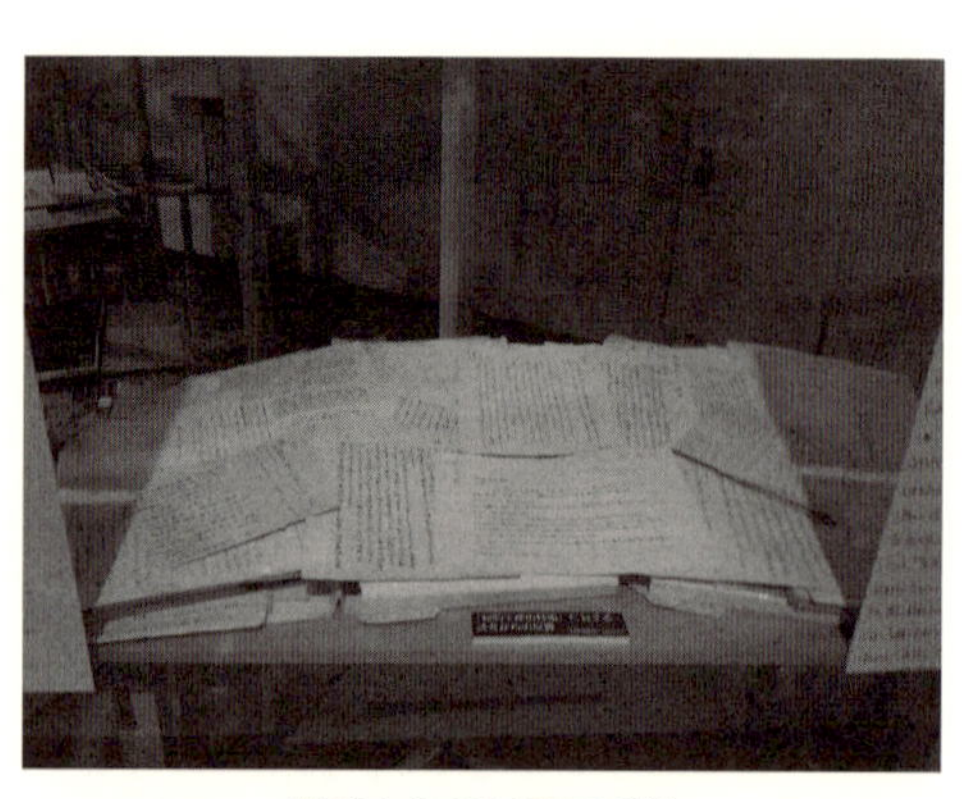

読者からの反響の手紙

（出典）撮影・三原喜久子

二つ目は「文明の生態史観」（一九五七年発表）に代表される文明論。梅棹の場合、日本論もまた文明論の一部であり、日本文化の起源論とは一線を画しているところに特徴がある。世界を第一地域（辺境地域）、第二地域（古代文明地域）というように大きく分けるグランドセオリーは、詳細をつめればつめるほどグランドセオリーではなくなるというジレンマを内包しているかもしれない。それでも梅棹は単なる「論」にとどまらず、「学」の構築をめざしていた。

三つ目が情報論。『知的生産の技術』よりも早く、一九六三年に「情報産業論」が発表されており、それはやがて『情報の文明学』として書籍にまとめられた。彼にとって情報論はあくまでも文明学の一部である。情報を人類史の物差しとして用い、未来を考察した。また、彼はＩＴ以前の情報処理についても実践を積み重ねていた。この実践については次章で解説するとして、ともかく、その成果を一般読者に開陳したのが『知的生産の技術』である。

今ふうに言うなら、ユーザーベースのソリューションをカスタマイズすることなく、ユニバーサ

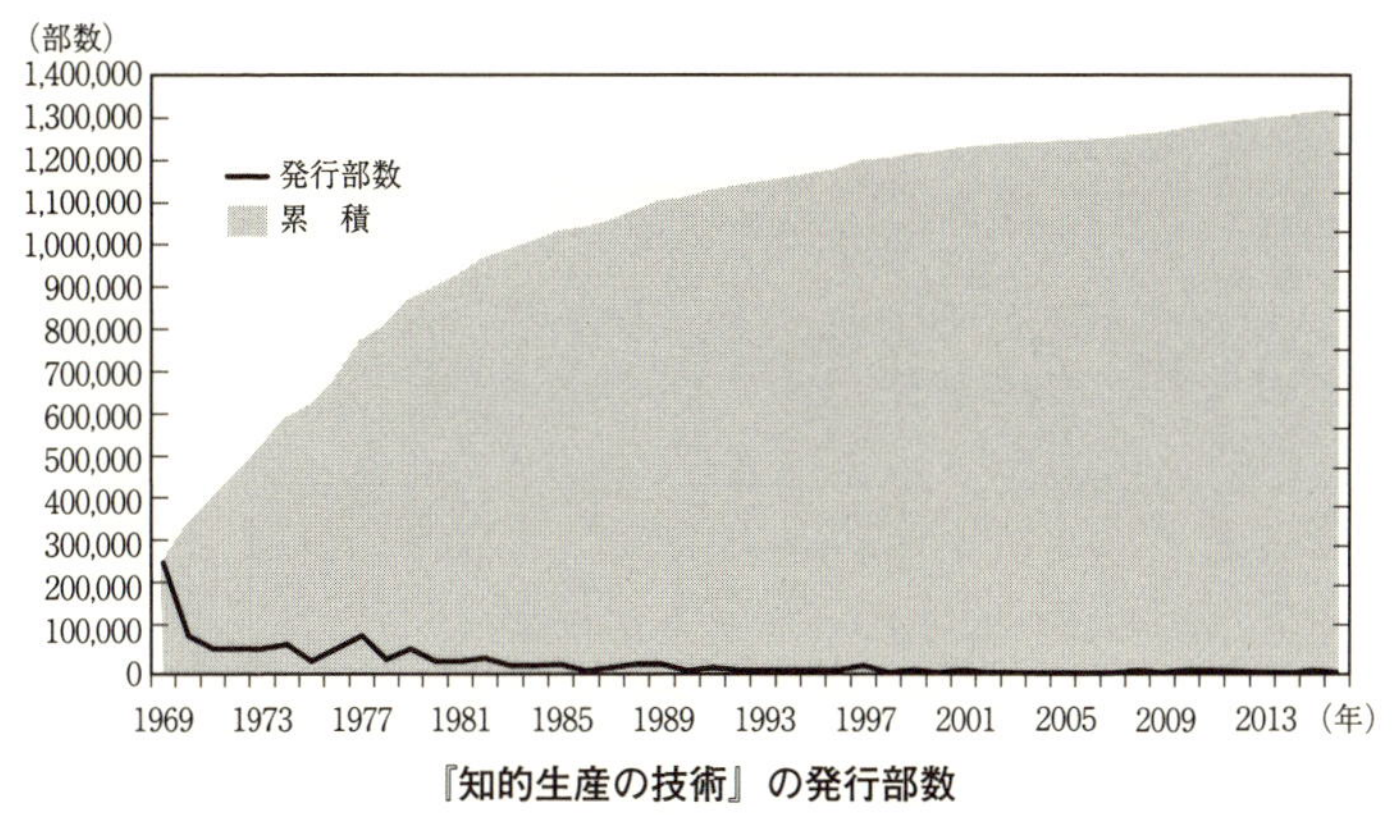

『知的生産の技術』の発行部数

（出典）梅棹忠夫アーカイブズの資料より著者作成

ルにシェアするインフラのプロバイダーなのである！

梅棹アーカイブズには読者からの反響の手紙が保管されている。『図書』連載中だったころの問い合わせも含めて『知的生産の技術』に対して、約五五〇件の封書やハガキが残っている。たとえば、渋谷で理髪店を営んでいる方が、同書を読んで思考整理法を身につけ、理容室経営に関する論文を書き、みごとグランプリに選ばれてヨーロッパを旅した、という感謝のつづられた書状もある。発売当時から、業界を超えて知的生産の技術を浸透させるという功績があった、と了解されよう。

「知的生産」という日本語はそれまで存在しなかったが、梅棹以降、一般語と化したのだった。「知的生産」ということばについて、特許を取得しておいたほうがいいのではないかと人から勧められたので、試みたところ、あまりに普及しているので申請できなかったそうだ。

ちなみに、みんぱくは「知的生産の技術」を具現化したものである。

ざっと九〇冊ある梅棹の単著のなかでもっとも増刷されているのが『知的生産の技術』であることはうたがいない。アーカイブズの資料によれば、一九六九年七月二一日付で四万五〇〇〇部が発売され、翌八月一一日に一万五〇〇〇部、わずか四日後の同月一五日さらに一万部、三〇日に四万部と増刷された。ほぼ一カ月で一一万部にのぼった。

同書の編集を担当した小川壽夫（ひさお）さんによれば、岩波の企画会議でこんなハウツーものは売れないと一度は却下されたが、その年のベストセラー四位だったという。編集者と著者が交差する興味深い生産現場は「知的生産のはるかな道のり――『知的生産の技術』が誕生するまで」（『梅棹忠夫――知的先覚者の軌跡』千里文化財団、二〇一一年所収）に記しとどめられているので、ぜひお読みいただくとして、とりあえず、ここでは数字にご注目。

二〇一四年現在、店頭に並ぶ新刊本なら、おそらく九二刷だろうとのことで、九二回のうち、部数のわからないものについては推定し、発行部数の累積グラフを描いてみた。往年の爆発的なセールスを終えた今でも静かに売れ続けている。文芸作品でもないのにロングセラーなのである。この本に代表されるように、梅棹忠夫が画期的な成果をあげた三大領域のうち、もっとも息長く社会にインパクトを与え続けているのは情報論の領域であると言っても過言ではない。

古びない理由

前述した高橋氏によれば、情報科学者にとって『知的生産の技術』は技術開発に取り組む以前に読んでおくべきバイブルだという。ノウハウ本のようなタイトルをもつ同書だが、実は知的生産に関する原理が書かれている、だから古びないのだ、とも。

ところで、「知的生産の七つ道具」とは私の勝手な命名にすぎない。同書のなかで規定されているわけではない。みんぱくの特別展では「フィールドノート／発見の手帳」「スケッチ／写真」「ローマ字カード」「京大型カード」「こざね法」「一件ファイル」「住所録カード」を七つと数えた。

知の七つ道具
（出典）撮影・三原喜久子

「ローマ字カード」とは、フィールドノートの内容についてタイプライターを用いてローマ字で転記したものである。「京大型カード」とは、そうした転記の手間を省くため、直接カードに書き込もうとしたものである。「こざね法」とは、アイデアを小さな紙に書きつけ、それらを並べて作文するという論理構築の方法で、鎧兜の部品にみたてた命名である。「一件ファイル」とはまさに一件ごとにファイルに入れる整理法である。市販のものより特注したほうが安い、とコスト計算もされていた。

今回は、より普遍的に子どもから大人まで利用してもらうために「フィールドノート」「スケッチ／写真」「情報整理カード」「こざね法」「一件ファイル」「読書カード」「原稿用紙」で七つとした。たとえば、「原稿用紙」のように今ではもうほとんど使わないようなものについて、梅棹は『知的生産の技術』でどう記していたかをみてみよう。

「原稿は原稿用紙にかくものだ。……ひとにみせるかきものはすべて原稿用紙にかくくせをつけたほうがよい」とある。当然すぎて、今読むとなんだかつまらない。しかし、彼は、作家たちが一般に四〇〇字詰めの原稿用紙を用いるのに対して、二〇〇字詰めの原稿用紙を特注していた。書き損じたときに切り貼りしやすく、字数も計算しやすいからであるという。

そしてさらに、こうも述べている。「もし日本語がタイプライターで書けたら、原稿用紙はもういらないだろう」と。

日本語ワープロが登場して漢字変換ができるようになったのは一九七八年であることを思い起こしてほしい。みずからの知的生産のために、工夫し続けていたからこそ、こんなふうになればいいなと強く願うことがあり、しかし満たされず、そしてそれは未来に実現した。欲望こそは未来だった。

書いたことが古びないというよりも、まだ無いことを書いていた、と言ったほうがよいかもしれない。

2 ロングセラーの源泉

情熱をかたむけつくした内モンゴル調査

梅棹は自己最多のベストセラー『知的生産の技術』のなかで「野帳の分量がおおいと、野外調査からかえってからカードができるまでに数カ月を要したりした」とさらりと述べている（四二頁）。どんな調査から、どんなカードをつくったのだろうか。『知的生産の技術』は彼自身の編み出した方法論の一般公開にほかならなかったのに、私たち読者はこれまで彼の実践そのものを見てはこなかった。

彼の実践そのものをアーカイブズに探ろう。のちのちロングセラーを生むことになる彼の努力の跡をたどってみよう。

梅棹は著作集第二巻『モンゴル研究』の「まえがき」で「モンゴル牧畜および牧畜社会の研究に、わたしは、わが青春の情熱をかたむけつくしたように感じている」と回想している。一般に「情熱をかたむけた」というところをわざわざ「かたむけつくした」と表現しているからには、かなりのエネルギーが投下されたとみてよいだろう。

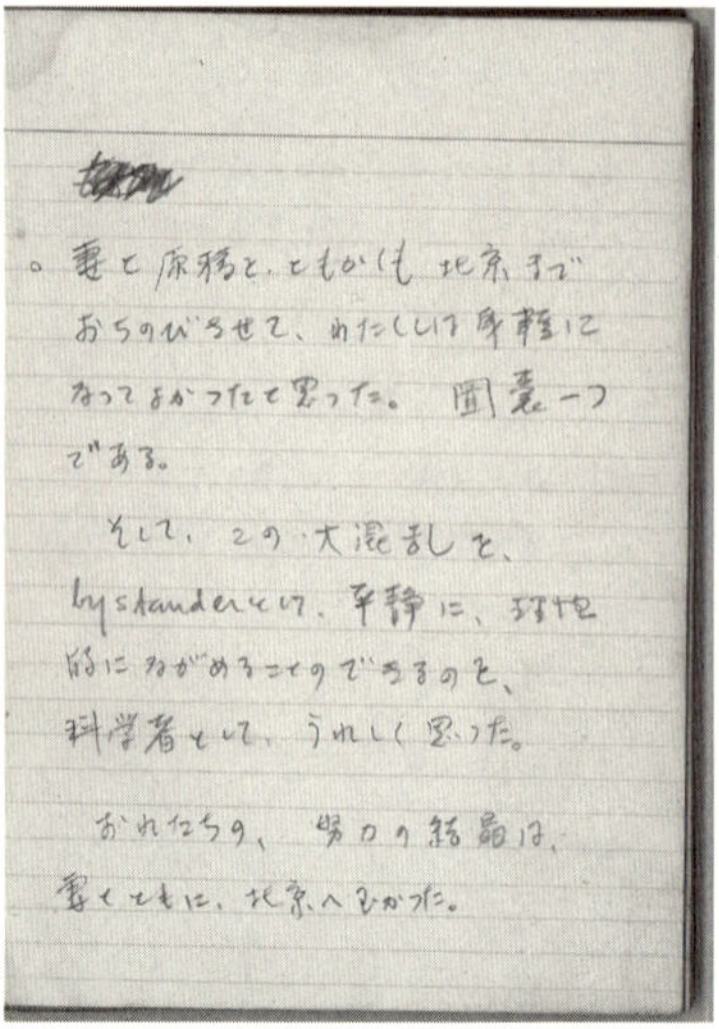

フィールドノート27番冒頭

（出典）国立民族学博物館提供

一九四四年九月から四五年二月にわたる中国内モンゴルでの現地調査は、梅棹忠夫が文化人類学者になる直接的な契機となった。と同時に、この調査こそは梅棹にとって、綿密に書き込まれたフィールドノートを抱え、その情報整理に闘い挑む知的生産の現場であった。フィールドノートを例にとって、梅棹の実践をかいまみてみよう。

そもそもフィールドノートに何を用い、どのように書くかは、人それぞれだし、また同一人物でも変わる。だが、フィールドノートが命の次に大事であることとは、分野を超えて、どの人でも同じだろう。梅棹たちの場合、第二次世界大戦の終結とともにソ連軍がモンゴル草原に進攻してきたので、まさしく命がけでフィールドノートを守らなければならなかった。のちに、梅棹は次のように『行為と妄想』で回想している。

「わたしは二〇日の午後、ふたりを張家口駅で脱出用の貨車に乗りこませて、その出発を見送った。妻にはわたしのたいせつな調査資料と原稿をあずけた。妻は着物類に執着があったようだが、わたしは『そんなものは全部ほかせ。日本にかえったら、なんぼでも買うてやる』といった。ふたりは病人と付添人というので、有蓋貨車にのせてもらった」。

ここで病人というのは生態学者の森下正明の夫人を指している。当時、西北研究所の宿舎には療養中の彼女と梅棹夫婦が残っていた。梅棹自身は翌日、無蓋貨車に乗って追いかけた。奇しくもその列車は張家口から脱出しようとする民間人を乗せた最後の列車となった。

フィールドノートは、このときの脱出行の瞬間の感情もまた封じ込めていた。以下は、梅棹のフィールドノート二七番にある記載である。

「妻と原稿を、ともかくも北京までおちのびさせて、わたくしは身軽になってよかったと思った。図嚢１つである。そして、この大混乱を、１人の bystander として、平静に、理性的にながめることができるのを、科学者としてうれしく思った。

おれたちの、努力の結晶は、妻とともに北京へむかった。

あれが安全にとどきさえすれば、かならずや日の目をみることもあるだろう。それでよいのだ。しかし、わたくしの原稿はまだ完成していない。あれだけでは fragment にすぎない。そのことが、いまさらくちおしく思えるのである」。

命よりも資料を優先させた熱い思いが伝わってくる。

大切に持ち帰った資料はほとんどすべて梅棹アーカイブズに残されていると思われる。フィールドノートに関して言えば、約五〇冊と、それらのノートからローマ字で転記した約五〇〇〇枚のカードが残されている。

調査資料の共有

約五〇冊と紹介するのは、フィールドノートに〇(ゼロ)から四八までローマ数字で番号が付されていて、一見、四九冊にみえるからだが、実際には四六冊しかない。三三番から三五番までの三冊は実物がみあたらない。

西北研究所で社会学を担当し、現地調査にも同行した酒井行雄（敬称略、以下同様）のフィールドノートだったかもしれない。あるいは中尾佐助のフィールドノートだったかも……。というのも、三一番と三二番の二冊には Kato と記されているので加藤泰安のフィールドノートであることはまちがいなく、また三六番から四六番までの一一冊はその筆跡からみて今西錦司のフィールドノートであることもまちがいない。さらに、和崎の分については「背文字の赤字は和崎のノート」と二二番のノート（後述）の一五頁に記されて、六冊あったことが知れている。加藤と今西の分にはさまれているので、誰であれ、他人のフィールドノートで、和崎以外であったことは確実である。このように、梅棹のもとには他人の分も残されていることが、梅棹アーカイブズにおける第一の特徴である。共同調査の全体の整理をまかされていたようである。

この点はフィールドノート全体の番号の振り方からも了解される。ふつうなら、時系列にそってナンバリングされるものだ。もし、調査前にいろいろメモすれば、それが一番若い番号をもつはずである。たしかに、梅棹ノートの〇（ゼロ）番は調査隊に先んじて実施された梅棹個人の予備調査の記録である。予備だから番号ゼロは理にかなっている。

ところが、一番大きな番号をもつ最後の二冊四七番と四八番はそんな原則からまったくはずれている。それぞれ一九四四年三月二一日、同年二月二三日という日付から始まっており、いずれも張家口へ出発する前の日付である。やってみたい研究、しておくべき準備などが記載されている。つまり、個人的な研究構想は、最大番号を付されることによって、いわば補遺に回されているのである。

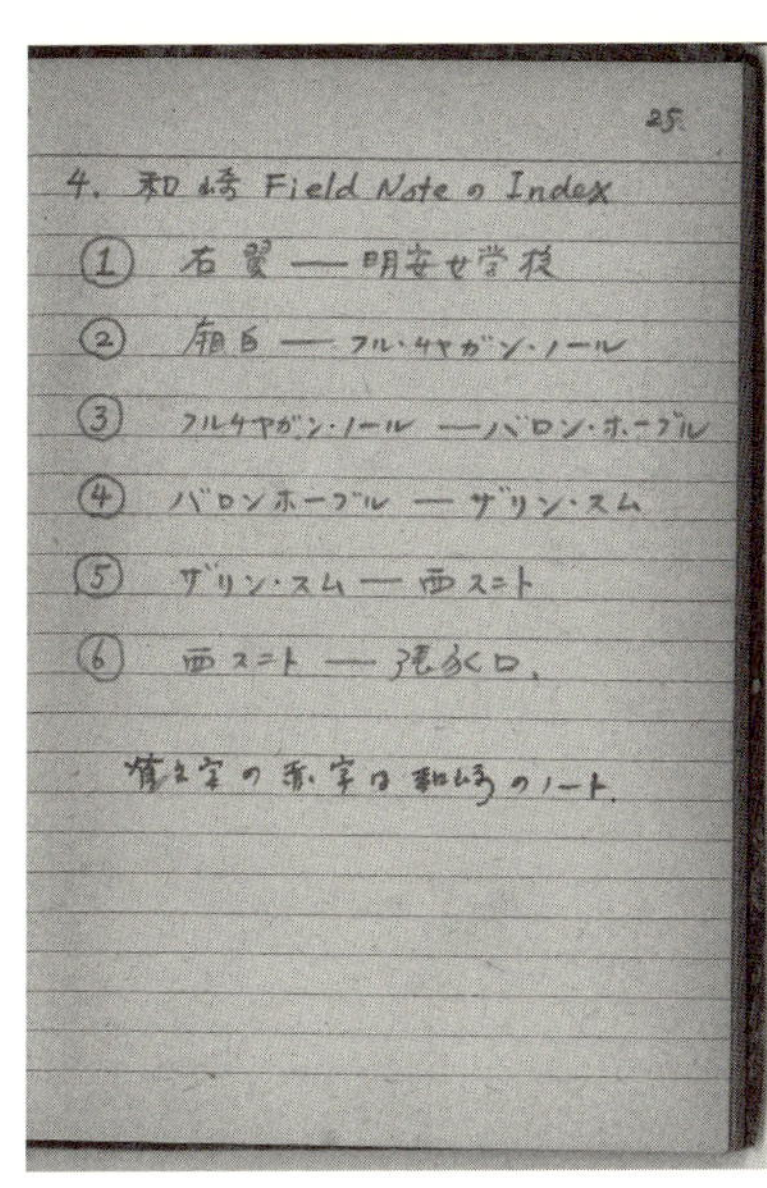

フィールドノート22番25頁

（出典）国立民族学博物館提供

このようなナンバリングの仕方からみて、あくまでも四四年九月から四五年二月までの本調査の資料全体を整理していたことがわかる。共同調査に対する統合的な資料管理という思考があったと認めてよいだろう。『知的生産の技術』の出版を担当した編集者の小川壽夫氏が、同書の続編として書くべきこととして梅棹が繰り返し述べていたのは、「秘書の重要性、日本語タイプライター、個人研究の共有化」だったという（前掲「知的生産のはるかな道のり」）。個人研究でさえもまた共有しようというのだから、共同でおこなわれた現地調査の成果が共有されるのはまったく当然のことであった。

フィールドノートのなかの知的生産

他人のフィールドノートと比べると、梅棹のそれは圧倒的に冊数が多い。そして、どのフィールドノートも、ほとんどすべて聞き取りの記録である。簡単な挿絵も散見される。

ちなみに、北部大興安嶺を探検したときのフィールドノートは三冊にとどまるが、興味深いことに、谷を渡る風の音や鳥の声が、幾つもの楽譜として記しとどめられている。

ただし、日誌ふうの記載はほとんどない。ふつう、フィールドワーカーなら、その日の天気や気温、起床や就寝の時刻など一日の行動記録を書いていてもよさそうなものだが、そうした日誌ふうの記録はいまのところ見つかっていない。今西錦司と分担したのかと思われるほどである。日誌ふうの記載さえないのだから、ましてや日記ふうの記載などまったくない。辛いとか楽しいとか、感情の記録はほとんど見受けられない。四二頁で紹介した八月二〇日の記載は唯一の例外であると言ってもよいほどである。

ほぼ一〇〇パーセント、ひたすら聞き取り事項で満ちていて、いわゆる取材ノートに近い。これ

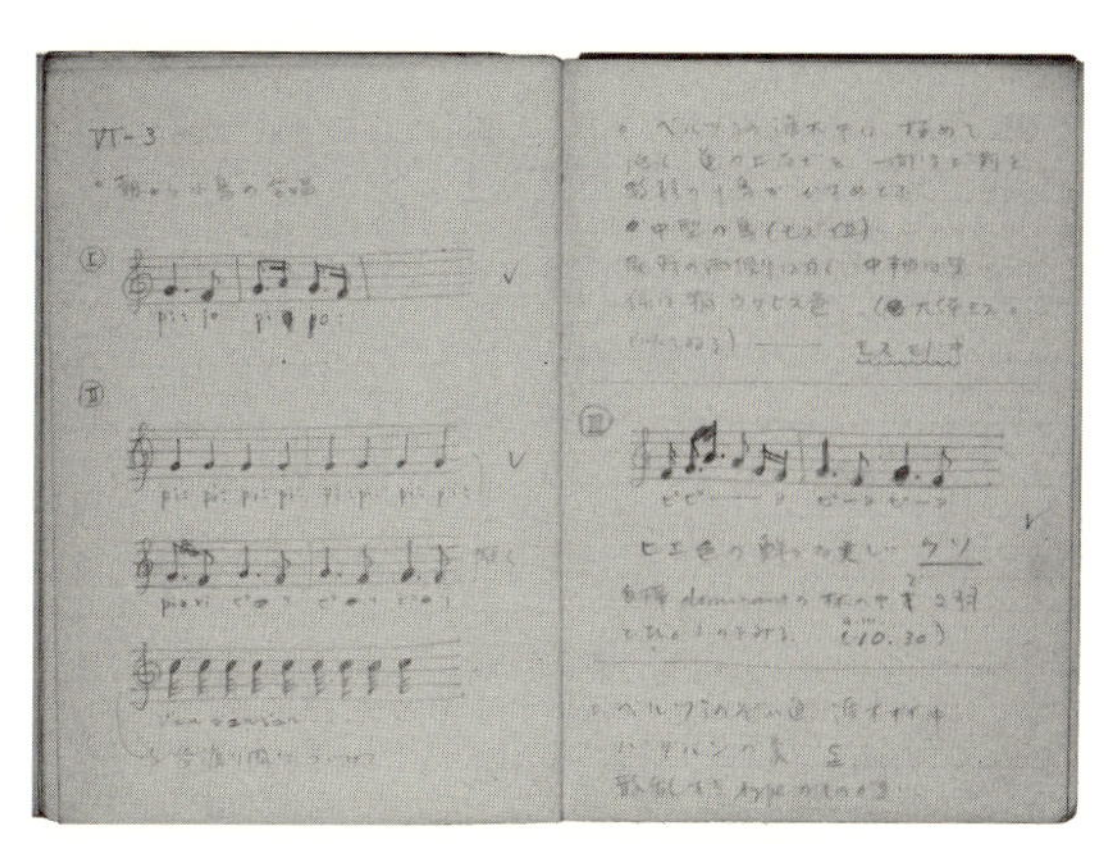

フィールドノートにおける楽譜

（出典）国立民族学博物館提供

は、この時期の梅棹ノートのきわめて大きな特徴である。言い換えれば、一生涯その方針を貫いたわけでもなかった。

ただ一冊、聞き取り内容が記載されていないものがある。二二番のIndexと記されたフィールドノートである。約半年にわたる調査行程表、聞き取りをした約四〇〇世帯の一覧表、それらの世帯がフィールドノートの何冊目の何頁に記載されているかという対応表などが掲げられている。こうして説明するとごく単純なことのように思われるかもしれない。しょせんインデックスなのだから。しかし、相当に時間を要したにちがいない。五〇冊近いノートにある四〇〇世帯の記録を、しかも他人の分まで含めて整理するなんて、根っからの整理好きでなければできることではないだろう。私の場合と比較するのはおこがましいけれども、ちなみに私は一世帯における一カ月の調査の、たった四冊のノートをカードに手書きで転記するだけで一カ月もかかった。

興味深いことに、どの家をだれが調査したかという表もある。ひとつの調査地点で、別の世帯へ手分けして聞き取り調査をおこなうこともあったようだ。梅棹自身が調査していない世帯の場合は、そのことを明記したうえでナンバリングされている。そうすることで、隊全体の調査内容が共通の番号でコード化されてゆくのである。そして、こうしたコード化によって、カード化という次の知的生産が効率的になる。

ローマ字カード化

フィールドノートは原則として、遭遇した順に記されていくものだから、同一テーマの話題があちこちに散在している。情報をいったんばらばらにしたうえで、テーマごとにまた集めるという作業は知的生産の次のステップとして欠かせない。さしずめ現代なら、最初からデジタルで記録すれば、容易に検索ができ、情報の再構成ができるだろう。梅棹の時代は、そうしたデジタルＩＴのない時代だったから、論理的に同じことを手作業でおこなうしかなかった。それが、フィールドノートからカードへの転記である。カタカナタイプライターさえ無い終戦直後、梅棹はタイプライターを用いてローマ字書きすることでワープロに代えていた。

各カードには、下線付きで見出し語がある。見出し語に続いて、（　）内のアラビア数字、ローマ数字、アラビア数字という三つの数字が並ぶ。（　）内のアラビア数字は調査対象者番号。ローマ数字はフィールドノートの番号。最後のアラビア数字は当該フィールドノートの頁数。このように、すべてのカードは、誰の話か、どこに書いてあるか、と出処をたどることができる。

このローマ字カードの記載を単純にひらがなまじりの日本語に打ち直すだけでも、私は三カ月を要した。だから、フィールドノートから転記するときには、きっともっとかかったにちがいない。

この転記の労力から解放されんがために、最初からカードで書くことを推奨したのが京大型カードだったのである。ちなみに、「京大式カード」というのは、現在、市販されている商品名であり、梅棹や京大人文研で使われてきたオリジナルな仕様とは紙質が異なっている。オリジナルな「京大型カード」は、画用紙のように鉛筆でスケッチが書きやすい仕様になっていた。それはともかく、ローマ字化という作業によって、梅棹は日本語の文章力を鍛えた。その成果のほどは、第3章第3節で紹介しよう。

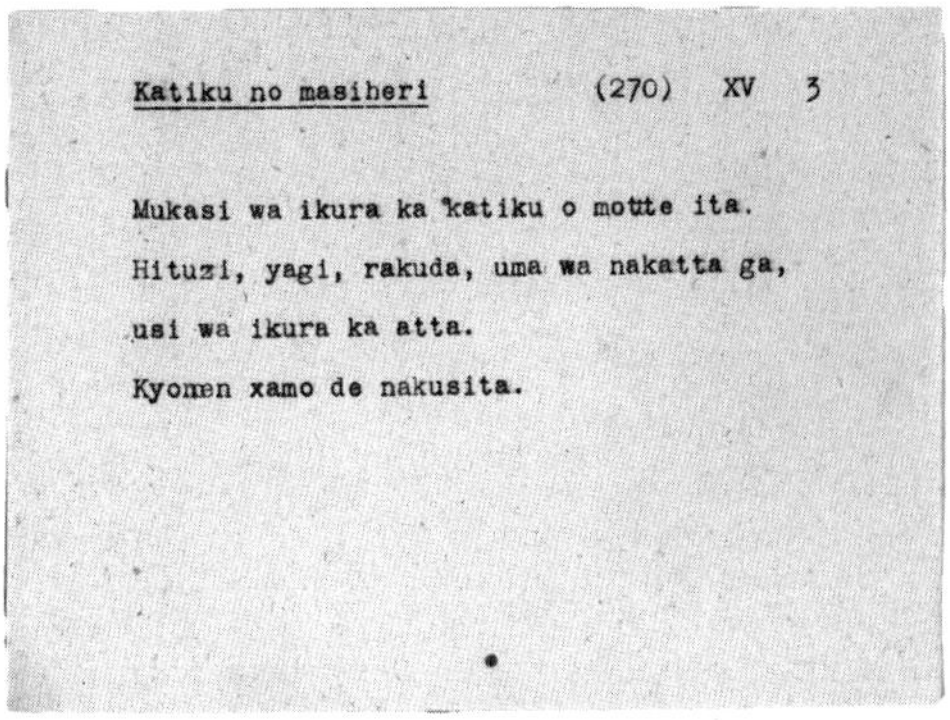

Katiku no masiheri　　(270)　XV　3

Mukasi wa ikura ka katiku o motte ita.
Hituzi, yagi, rakuda, uma wa nakatta ga,
usi wa ikura ka atta.
Kyonen xamo de nakusita.

ローマ字カード

（出典）国立民族学博物館提供

3　ローマ字運動への傾倒

祝・ウェブ公開！

二〇一四年秋、梅棹忠夫が残した資料、通称「梅棹アーカイブズ」の全体像がようやくウェブ上で公開された！　めでたい。早速、この使い勝手をチェックしてみよう。

まずは国立民族学博物館のホームページをご覧いただきたい。通称「みんぱく」だから、「みんぱく」とさえ入力すれば、グーグルでもヤフーでもすぐにヒットするはず。みんぱくホームページの冒頭に「共同利用」という項目があるので、そこにご注目。図書室や刊行物などを広く利用していただくために各種の欄が設けられている。そのうちの一つが「民族学研究アーカイブズ」という欄で、ここに、さまざまな研究者たちの残した資料類がおおよそ公開されている。

いま「おおよそ」という限定詞をつけたのにはわけがある。基本的にどんな資料があるかという一覧の公開にとどまっているからである。

たとえば、「青木文教アーカイブ」を見てみよう。青木文教と言えば、西本願寺法主大谷光瑞の命により、大正時代に多田等観とともにチベットに留学した僧侶である。みんぱくホームページ上の解説によれば、青木文教の残した資料は、チベット語の生徒であった中根千枝先生に託され、彼女を通じて民族学振興会からみんぱくへと寄託された。リストによれば、ダライラマ一三世の写真など当時の一次資料を含む約八〇〇点の資料があると知れる。しかし、資料が公開されているわけではない。あくまでも目録であり、閲覧したいと思えば申請が必要となる。

資料の具体的な中身が公開されているものとしては土方久功（ひじかたひさかつ）の日記があげられる。これまたホームページによれば、彫刻家の土方は一九二九年、当時、日本の委任統治領であったパラオ諸島に渡り、民族学資料を収集するとともに、一〇年にわたって詳細な日記を残した。帰国後の分も含めて一二二冊が寄贈され、日記はすべてデジタル画像化したとある。が、それらがそのまま公開されているわけではない。膨大な日記のうち学術資料として貴重な、パラオ滞在中の二四冊分について、公刊されて書籍として刊行されている。それらの書籍は機関リポジトリというシステムによってダウンロードできるから、無料で読めるし、また、どこに何が書いてあるかを検索することもできる。ご覧いただくには、ホームページの冒頭の「共同利用」にもどり、「みんぱくリポジトリ」から。

さて、比較のためにいささか遠回りをしたが、肝腎の梅棹モノはどうなのか？　梅棹資料室で実質的な整理作業を任じられてきたのは元秘書の三原喜久子さんと明星恭子さんたちである。彼女たちの尽力の賜はいかなる形で実を結びつつあるのだろうか。

生の姿でお宝公開

梅棹アーカイブズでも、まず目録として資料リストがあり、それらの一部がデジタル化されており、さらにそれらの一部が書籍として刊行され、刊行された部分についてはウェブ上でも提供されている。そして、ほかと比べて最大のちがいは、デジタル化された資料をそのまま見ることができるという点である。ブラボー！

お宝を限りなく実物に近い形で見ることができるのだ。デジタルだから、実物では読みとれないような文字も拡大して見ることができるし、遠くにいる友人に情報を送って読んでもらうこともできる。そういう点では、実物で見る以上の効果も期待しうるデジタルの威力がある。

二〇〇五年から始まった、みんぱく民族学研究アーカイブズのうち、比較的後発に相当する梅棹アーカイブズは今日的なオープンサイエンスの考え方で整備されたと言えよう。

試みに「全体リスト」のなかから「フィールド・ノート」（本書では「フィールドノート」と記す）という項目を選ぶと、整理番号が一七四番まである。そのうち一九番から六七番までは内モンゴル調査時のノートであり、画像データが提供されている。パソコン上で順番に頁をめくることができるから、各自、大いに味わわれたし。近い将来、画像検索の技術が向上すれば、特定の情報を容易に得ることもできるようになるだろう。今はまだコツコツと舐め尽くすように味わうしかない。これぞまさしく学問の醍醐味なり、と言っておこう。

かつて遺体の腑分けが医学の進歩に貢献したように、梅棹の資料コーパス（遺体）は次世代研究者たちに利用されることによって、モンゴル研究とりわけ中国内モンゴルの研究に大いに資することだろう。もちろん国境を越えて。

そんな未来の一つの例として、すでに、中国内蒙古大学のナランゲレル先生の編集による『梅棹忠夫の内モンゴル調査を検証する』（国立民族学博物館調査報告一三〇号、二〇一五年）がある。なお、この書籍もみんぱくリポジトリからダウンロードすることができる。

なぜ、ローマ字運動に傾倒したのか

梅棹アーカイブズのうち、フィールドノートについてはまだテキスト入力されていない。とりあえず、現段階ではローマ字カード約五〇〇〇枚をデジタル入力しておいた。『梅棹忠夫のモンゴル調査　ローマ字カード集』（国立民族学博物館調査報告一二二号、二〇一四年）として刊行され、みんぱくリポジトリで提供された。誰もが自由にアクセスしてダウンロードすることができるようになっており、デジタルだから検索も容易である。たとえば、フェルトの作り方に興味をもっている人が「フェルト」と入力すると、ローマ字カード約五〇〇〇枚のうち約五〇枚のカードがフェルトの製作や購入に関する抜き書きとして検出される。どのようなことが書かれているかという内容とともに、どのフィールドノートの何頁からの転記かを調べることができる。

そして、さらに、カードのスキャン番号が付してあるから、その番号を頼りにホームページのアーカイブズを訪問すれば、ローマ字カードの現物を確認することができる。また、元のフィールドノートの必要な頁のオリジナルな記載も直ちに確認することができる。

世界中どこにいてもコンピューターでつながっているかぎり、梅棹のオリジナルなデータに対して自由にアクセスできるようになっている。

ところで、私は五〇〇〇枚のローマ字カードをこつこつと入力しながら、梅棹の整理術の一貫性につくづく感嘆した。ただし、今日から見れば、ノートからカードへの転記はフィールドワークの基本であってさほど特別なことではない。特別なのはあくまでもローマ字だ。なぜローマ字だったのだろうか。

当時、もし、ワープロがあったなら、梅棹はためらわずワープロを使ったにちがいない。ワープロを用いて漢字かなまじり文でカード化しただろう。ワープロがなかったからタイプライターで整理するほかなく、ローマ字でしかなかった、という解釈もありえるとは思う。しかし、それは技術的な解釈にすぎず、十分な解とは言えまい。

半端ないのめり込み

梅棹は一九四六年に帰国してすぐ、ローマ字運動に著しく傾倒している。京都帝国大学ローマ字会を組織し、『Saiensu』(秋田屋、一九四七年)という雑誌を発刊した。みずからローマ字で論文を書いて寄稿するとともに編集も務めた。一般向けの教科書も作った。講習会もした。梅棹アーカイブズには講習会のポスターを刷ったときの木製プレートも残されている。モンゴル調査の成果をまとめるべき大事な時期に、なんだってこんなことに首を突っ込んでいたのだろうか。しかも、かくも深く、そして長く。その半端ないのめり込み方こそは謎である。

アーカイブズには「原稿のノート」とローマ字で書かれた一冊の小さな帳面がある。一九三九年六月から始まり、原稿のタイトル、掲載誌名などが記されており、ときに原稿料も記されている。それが著作目録の原初的な形態であったことは、梅棹本人が解説している(『梅棹忠夫著作目録(一九三四 - 二〇〇八)』(国立民族学博物館調査報告八六号、二〇〇九年)。

その最初期の著作目録に、ローマ字関係としては、一九四六年六月に「大学ローマ字会の提唱」という大学新聞の記事で三五円を得て、九月には「ローマ字テキスト」を一冊執筆して一〇〇円を

原稿のノート

（出典）国立民族学博物館提供

得たことが記されている。一〇月以降はローマ字関係の執筆が急増してくる。が、必ずしも収入を得られるものばかりではないことから見て、収入のために取り組んだとも思えない。

日本語のローマ字表記はその後、梅棹の日本語論にとって中核を占める鍵概念となってゆく。明治維新以来の日本語改革論のうち、日本語を捨てずに国際化する道としてローマ字表記が選択されたと論理的に解説することができる。しかし、それはあくまでも後追いの理屈である。

前述した大学新聞への投稿記事では、大学にローマ字会をつくる理由として、ローマ字書きの理論的研究や「ことばなほし」（言葉直し）をあげている。ただし、これはあくまでも趣意であって、この趣意になぜ梅棹があれほど傾倒したかを明らかにはしてくれない。

彼の当時の心情は今のところ知るすべがない。だから、勝手に推測させていただくことにしよう。始めた動機を探るなら、やめた契機を掌握しておくべし。長く続けていた「ローマ字日記」の習慣が終わる瞬間に着目したい。

文明学・歴史学へのシフト

一九五五年、梅棹は京都大学カラコラム・ヒンズークシ学術探検隊に参加し、モゴール族の調査をおこなった。帰路、カーブルからカイバル峠を越え、カルカッタまで自動車で走り抜け、その踏査型フィールドワークから「文明の生態史観」が生まれた。そして帰国後、突然、梅棹の日記はローマ字ではなくなる。あれ？　およそ一〇年ものあいだ熱心に続けていた習慣をなぜ、突然やめてしまうのだろうか。どうやら生態史観を獲得した旅は、梅棹にとってローマ字運動を越える意味をもったらしい。

帰国後の漢字かなまじり文の日記で注目すべきは一九五六年四月一六日の記録である。「桑原さんと6時ごろまで話す。歴史家になりたい、という話をはじめてした」とある。ずっと思っていたことをようやく話したというニュアンスのただよう書き方である。

残念ながら、桑原武夫が何と応えたかは記されていない。東洋史学の大家を父にもち、みずからはフランス文学を専攻した桑原が、歴史家を勧めたはずがなかろう。自分がそうしなかったように、梅棹にも「やめときなはれ」と言ったにちがいない。にもかかわらず、梅棹は動物生態学・動物社会学から文明学・歴史学へと関心領域をシフトさせた。

元の出自の学問領域からの転向について、梅棹自身は「学問の横あるき」と称していたことを後年、解説している（「学問三昧」著作集第一二巻『人生と学問』所収）。そもそも学問というものは開拓精神によって築かれるから、つねにはみ出していくものであり、多くの友人がそうしていたというわけだ。だとしても、とりわけ梅棹にとっては、今西錦司による支配的な領域から距離を置くことを意味していることには十分注意を喚起しておきたい。第1章第1節で述べたように、帰国後の梅棹と今西のあいだには遊牧論をめぐるちょっとした先取争いが生じていた。また、「友人の妹とは結婚したくない、妹の友人とならよい」という表現からわかるように、公私のからまる人間関係の問題を察知し、それを避けていた。そのほか、今西の個人的な嗜好から逃げたかったのは梅棹だけではない。

そのように理解してよいなら、ローマ字運動への傾倒についてはまったく別方向からの解釈を当てる可能性も生まれる。梅棹にとってそれは、今西錦司の介入しない領域として展開されていた、のではあるまいか。今のところそんなふうに私は推測している。

第3章　たゆまぬ知的前進

1　カメラと写真

カメラ好きの写真好き

梅棹アーカイブズと総称されているもののうち、現在、梅棹資料室で管理されているのは、もっぱら文書類である。タイプライターなどの標本資料もあるが、今のところカメラは含まれていない。写真は、およそ三万五〇〇〇点あり、アーカイブズとは別に、写真データベースとして整理されてきた。ただし、文書類に先んじてデジタル化が進められていたわりには整理は進んでいない。

それも致し方ないと思う。ちょっとご想像いただきたい。自分が行ったこともない場所の写真をみてコメントを付すなどという作業がどれほど難しいことか。写真一枚一枚に、どこで誰と、あるいはどこで何をなどのコメントを付すのはとても難しい。せいぜい、人か風景か物かといった類別的な判断をメタデータとして付すことができる程度である。本格的な整理作業にもっとも必要なのは、調査や旅にまさに同行した人たちからの情報提供である。

というわけで、みんぱくでは関係者からの聞き取りを進めている。徐々にコメントが蓄積されている。しかし、ウメサオタダオ展を急遽準備することになったとき、いかにも悠長な方法を採用している余裕はなかった。

そもそもすべての写真を展示で利用するわけではない。かといって必要な写真があらかじめ決まっていてそれを探すわけでもない。とにかく、まずは写真資料の全体像を把握し、展示として何をどのように使うかという方針を定めるために、ほぼ一カ月をかけて三万五〇〇〇点を総覧した。写真を見ながら発する私のつぶやきをメモしてくれたのは当時、大学院生だった佐藤吉文さんである。

当初は、二人でうなりにうなった。うう～ん、これが〇〇先生かなあ、ああ～ん、ひょっとしてこれがここに書いてある〇〇山かなあ。などなど。ちょっと調べれば、なんとかわかることも、あるにはある。しかし、靄(もや)が消えても、霧(きり)は晴れない。とくに、調査や旅行の記録を梅棹自身があまり書いていない場合の霧は深い。たとえばイタリア。

梅棹は一九六九年、京都大学人文研の教授として第二次京都大学ヨーロッパ学術調査隊に参加し、中部イタリアを訪問した。そのときに同行したのは谷泰(ゆたか)先生である。彼はリタイア後、イタリアと日本とのあいだを往来している。問い合わせてみると、近々日本に用があって帰国するとのこと。滞日中に半日かけて一緒に写真を見ていただいた。そのおかげで、イタリアの霧を晴らすことができた。

エピソード記録

谷先生自身も全行程を同行したわけではないのでときどき推測がまじる。大きな川の写真があり、続いて川面を映した写真があった。よく見ると川面には小さな白い点々がゴミのように写っている。何だろう？　と思っていると谷先生はすかさず「単語カードではないか」と言う。そう言えば『実戦・世界言語紀行』（岩波新書、一九九二年）にそんなエピソードがつづられていたっけ。

「ポー川の紙吹雪」というタイトルで、イタリア調査で使っていた単語カードをもう要らないからポー川をわたったときに捨てた、という話がつづられている。川面に浮かぶ白い点々は捨てられた単語カードすなわち、梅棹の言う紙吹雪なのだった。

梅棹は同書で一貫して「一カ月語学」を推奨している。使うときだけ覚えておき、要らなくなったら忘れてしまえ、と言う。使わないとさびついてしまうものだが、「なに、さびつかせておけばよいのだ」とさえ言う。語学にかぎらず、記録のための技術はそもそも「忘却の装置」すなわち忘れてもいいように記録するのである。

記録魔であり、残し魔であり、整理魔ではあっても、貴重な言語の収集カードならともかく、辞書のなかから覚えた単語カードなどは残したって意味がない。だから、さっさと捨てた。そんなエピソードがつづられており、その証が写真として残されているのだった。

これで方針は決まった。写真はこのようにして使おう。言文一致ならず、撮影と文章の一致、「撮文一致」だ。たとえば、北アフリカの調査時には小さなバイクで毎日トイレに出かけた話、キリマンジャロに登ろうとして靴擦れのために自分だけ登頂できなかった話など、ちょっとしたエピソードは意外にも写真で確認することができたのだった。

ウメサオタダオ展では写真資料は三つに使い分けられた。

まず、逸品。日本写真家協会の会員でもあった梅棹が、失明以前にみずから選んで、全国で写真展を開催したときの四六作品を指す。これらは「民族学者 梅棹忠夫の眼」と題して別途、企画展として展示された。

次に、スライドショー。三万五〇〇〇点のなかから選ばれていた八〇〇点ほどの写真を無解説で流していく。これは、写真集を出版する予定で選び出したものだったが、失明によって解説文を付すことができなくなり、刊行できずに終わったものである。これらを見ると、彼の写真のセンスはおおよそわかるというものである。

そして三つ目が先に述べたエピソードとの「撮文一致」。著作集全二二巻にわたって書かれている内容と、三万五〇〇〇点の写真にとどめられているシーンを対応させていった。砂漠のトイレや登山の失敗といったエピソードは、調査内容に関するものではないので、「ウメサオ検定」というコーナーに別置して、文章と撮影による一致の妙味を味わえるよう工夫した。

エピソードといえば、写真に日付がうつりこむよう提案してカメラ会社からアイデア料として金一封をもらったという話を谷先生から聞いた。河出書房の編集者であった小池信雄氏からも同じ話を聞いた。さっそく日本カメラ博物館を訪れ、聞いてみた。しかし、カメラ会社は合併や吸収などを経ており、かつ技術者は世代交代していていてわからないとのことであった。いかにも梅棹らしいエピソードではあるが、確証を得ることはできなかった。

「撮文一致」スタイル

撮影した写真と書いた文章とが全体を通じてみごとに一致しているのは『東南アジア紀行』である。文章数行に一枚の割合で、書いてあるとおりのシーンの写真をあてはめることができる。ツイッターのように時々刻々と状況を伝え、そしてフェイスブックの多くがそうしているように、写真でまず示し、その解説をことばで添えたような、映像主体の記録方法にかぎりなく近い。

現在、『東南アジア紀行』は中央公論の文庫本上下で刊行されている。単行本の初版は一九六四年に刊行された。一九五七年から五八年にかけて、大阪市立大学の助教授をしていた梅棹が調査隊を組織し、実施した、東南アジア諸国（タイ、カンボジア、ベトナム、ラオス）への旅の記録である。梅棹の当時の関心はいわゆる伝統的な社会の近代化にあり、日本との比較考察としても読める。梅棹にとっては「文明の生態史観」発表後の、東南アジア地域での持論自説の確認という一面もあっただろう。

梅棹はそのとき、学術調査隊のマネジメントもしていた。岩波書店からはフィルム代を工面していたようだ。帰国後に「岩波写真文庫」シリーズに東南アジアについて書いた。元来の写真好きにフィルム代が用意されれば、鬼に金棒。しかも、アウトプットが義務づけられているとあっては、梅棹の腕もさぞや鳴ったことだろう。分きざみでつぶやくツイッター並みの、あるいはフェイスブックのような写真記録が実現されたのだった。

撮影の成果は同シリーズの『タイ——学術調査の旅』『インドシナの旅——カンボジア・ベトナム・ラオス』の二冊にまとまっている。ところが、これらはむしろ写真集で文章が少なすぎる。結果的に、写真は写真で岩波に納められ、文章は文章で中公に寄せられたことになる。とくに文庫本では写真がないため、せっかくの「撮文一致」スタイルも完全に二分されている。

同様のことは、一九五五年、カラコラム・ヒンズークシへの学術探険隊の折にも生じている。やはりマネジメントを担当していた梅棹は、帰国後、「岩波写真文庫」で『アフガニスタンの旅』(岩波書店、一九五六年)を出す一方、文章については同じく岩波書店から同年に『モゴール族探検記』として結実した(第7章第2節で後述)。

写真集と文章を手元で合わせて読む代わりに読者諸氏には『ひらめきをのがさない! 梅棹忠夫、世界のあるきかた』(勉誠出版、二〇一一年)をお勧めしたい。佐藤君と二人三脚で画像記録を整理した成果がまとめられているといってよいからだ。「撮文一致」スタイルの事例もふんだんに。

梅棹愛用のカメラ

（出典）『梅棹忠夫——知的先覚者の軌跡』（撮影・尼川匡志）より

ちなみに、東南アジアの調査旅行で梅棹はカメラを二台用意し、カラーと白黒を撮り分けていた。一方、デジタル時代に生きる私たちは大量に容易に写真を撮ることができるようになった。ただし、技術的に簡単になったとは言っても、整理が自動的にできるわけではない。情報破綻という造語を繰り出したくなるほど、個人レベルで膨大なデータ処理に迫られている。いずれ、画像検索など、画像処理技術がより一層進展し、撮影者が何もしなくても自動的に仕分けられたり、検索できたりする時代がやってくるだろう。しかし、それまでのあいだ、今しばらくは、梅棹の「撮文一致」スタイルのように、写真という画像情報を文章というテキスト情報と組み合わせておかなければならないだろう。

「民族誌写真」という考え方

こうした自分自身の実践的な取り組みをまとめて、梅棹は「民族誌写真」として語るようになる。たとえば、日本写真家協会からの招きに応じた講演会「民族学者から見た写真家の将来」（一九八一年）は、同会の会報にまとめられ、著作集第一一巻『知の技術』に「民族学と写真」と改題して所収された。民族誌写真の基準として、技術的水準が一定以上であること、芸術的印象がすぐれていること、学術的内容が豊富であることの三点を掲げている。要するに、ちゃんと撮れていて、情報があるだけではなく、美しいこと、あるいは、ちゃんと撮れていて、美しいだけではなく、情報があることと言ってもよいだろう。晩年の回想『行為と妄想』では、次のように述べている。

「わたしは、民族学のフィールド・ワークに、写真は必要欠くべからざるものとかんがえている。それは芸術というよりは、学術的な資料として貴重なものとなるであろう。同時に、写真を通じて、わたしの芸術的な意欲を多少とも満たすことができたのである。わたしは、いわば民族誌写真というジャンルを開拓し、確立できればうれしいとおもっている」。

けだし、現在、私たちがインターネット上に紹介するお店情報などの写真は、ほとんど民族誌写真と言ってもいいほど、前述の条件をそなえているではないか。ピントはぼけていないし、いかにもおいしそうだ、もちろん、どこのお店の何という料理であるかなどがわかる。ちゃんと撮れていて、美しいだけではなく、情報もたっぷりある。願うらくは、関心がより広い世界へと拡大さえす

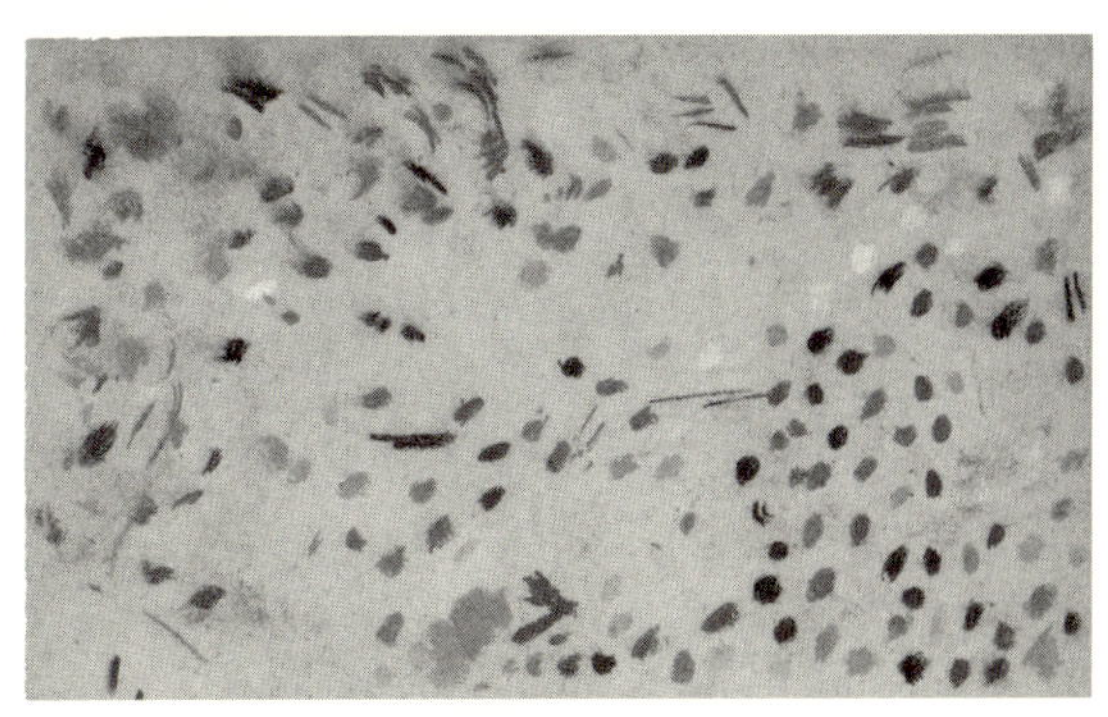

スケッチブックにある多様な色彩

（出典）国立民族学博物館提供

れば、民族誌写真は研究者の専売特許ではなく、むしろ市民のものとなるだろう。

スケッチブックにある思想

梅棹アーカイブズで、写真と切り離せないのが、スケッチブックの存在である。上述の自伝的回想で梅棹が「芸術的な意欲」と述べているのは、もう一つの回想『裏がえしの自伝』で「わたしは芸術家」と題された章と対応しているだろう。さまざまな芸術のうち、言語芸術（本章第3節参照）や音楽芸術の才能はあまり開花しなかったのに対して、画才についてはめばえがあり、それなりの訓練をつんだことについて、紙幅をついやして回想されている。そして、それらを裏付ける証拠がアーカイブズにあるスケッチブックである。

とりわけ、「一〇〇色のパステル」という項目と呼応した一枚の画用紙。一面にさまざまな色が並べられていて、「色の驚くべき美しさ、色彩の個性、色の多様さ」「みんなそれぞれ特有の美しさを以て」といったコメントがそえられている。このコメントの「色」の部分を民族や文化ということばに置換すれば、まさに民族学とは何かという解説にもなる。水平的なまなざしの萌芽として味わうことができるだろう。

みんぱくホームページから「民族学研究アーカイブズ」に進み、「梅棹忠夫アーカイブズ」をクリックし、さらにその「全リストへ」をクリックすると、スケッチ約五〇〇点という表示があり、さらに「リスト」をクリックすると、一九三二年の山行きから、一九六八年の大サハラ学術探検、その他まで二四項目に分かれている。そのうち一八件についてはすでに実物のスキャンが公開されている。

また、一九四四年から四六年にかけての内モンゴル調査時のスケッチについては、『梅棹忠夫のモンゴル調査　スケッチ原画集』（国立民族学博物館調査報告一一一号、二〇一三年）として整理しておいた。現代の物質文化の状況と対比することによって、梅棹の仕事の貴重さが了解される。これもダウンロードできる。

若いころのスケッチも少しずつ公開されつつある。

美術史を専門とする大阪大学名誉教授の木村重信氏は、ウメサオタダオ展で幾つかのスケッチを見てから、理性的な描写に長けている一方で、パステル画のほうは決して上手ではない、というようなことをおっしゃった。それはまさしく梅棹本人のねらっていた方向性と合致する。表紙に京都一中と書かれたスケッチブックには「絵は冷たかるべきこと、且、恐れを知らぬこと」「真実という仮面をかぶっている虚偽を告発すること、ささやかな真実は虚偽に近い」とある。彼の画才はこのように、若々しい批判精神とともに育ったようだ。

思考の道具

ところで、梅棹にとってカメラは、単に記録の道具だったばかりでなく、思考の道具であったと思わせるふしがある。たとえば「アマチュア思想家宣言」（一九五四年）。鶴見俊輔の依頼に応えて『思想の科学』に寄せた骨太の随筆がある（著作集第一二巻『人生と学問』所収）。その冒頭で梅棹は難解な思想書をカメラのマニュアルに喩えたうえで、マニュアルがなくてもカメラは使えるという現象を例にして、アマチュアが理解し、実践できる思想こそが重要であるとした。一般の人びとがマニュアルなしにカメラを扱うように、難解な書籍なしに思想をものにしよう！　というわけである。

このように檄文「アマチュア思想家宣言」では、カメラが思想と同義に扱われた。言い換えれば、このときから、カメラは知的生産の道具として扱われていた。あの爆発的なヒット作である『知的生産の技術』（一九六九年）から一〇年以上も前のことである。

梅棹は写真を撮りたいという自身の知的欲求をストレートに追求してきた。だからこそ、写真を撮ることそのものが知的生産であると看破していたし、そのことを人びとに伝えたのだろう。こうしてカメラを介してみると「アマチュア思想家宣言」と『知的生産の技術』は扱う素材こそちがえども、思想的に通底している。一般市民の知的生産を大いに鼓舞している。

その後、「情報産業論」（一九六三年）などでブログ時代の到来を早くも予測するときにもカメラのことが引用された。日本は技術水準の高いカメラが広く一般に普及している。世界はまだまだ後ろにあって、追いかけてくる。だから、一部の情報技術者に限られた知的生産活動であっても、早晩、一般人の営みと化すであろうことが十分に予想されたのだった。

梅棹は確かにカメラ好きで写真好きではあったが、自分の趣味にとどめることなく、自分の願望や欲求を敷衍して、社会をそして世界を見るための思考の道具にしていたのだった。

2 「引紹批言」の記録

ポートレイト

梅棹の撮った写真はたくさん残されているが、梅棹を撮った写真はそれほど残されてはいない。新聞や雑誌等による取材を頻繁に受けた梅棹だったから、プロのカメラマンによって撮影されたポートレイトはたくさんあるはずだ。すばらしいポートレイトは、確かに存在する。ただし、それらは原則として家人の手元に残されている遺品であり、梅棹アーカイブズには含まれないのである。

二〇一一年三月一〇日にオープンするウメサオタダオ展に先立って、私たちはチラシを作製しようとした。チラシにはぜひとも同展のコンセプトを反映するようなポートレイトが欲しい。知的先覚者の軌跡というサブタイトルだから、眼光鋭く未来を見据えるような横顔が良い。そこで、家人の手元にあるポートレイトを見せていただきながら、いかにも脂の乗っていそうな時期の横顔を選んだ。

ところが、困ったことに、この写真の出処が不明なのだった。いつ、どんな取材で撮影されたのか、記録がなかった。家人の手元で保存されていた資料には、残念ながら、そうした記録が付されていなかった。

そこで、見切り発車をすることにした。とりあえず使ってしまおう。撮影者が名乗り出てくださったなら、むしろありがたい。コピーライトはそれから明示しよう。そんなふうに腹をくくって、チラシのデザインを進めることにした。

白黒写真で、梅棹の頭髪はほぼ七三に分けられている。分け目には白髪が散見される。この白髪の程度から判断して、みんぱく開館前だろうと思われた。一九七四年から七六年のあいだであろうと推測された。

「引紹批言」という概念

いよいよ、チラシの配布期が近づき、くだんのポートレイトのコピーライトについて決着をつけるべく、私は「引紹批言（いんしょうひげん）」ファイルの棚に取りついた。それは旧梅棹資料室の内奥部に置かれていた。日付順に市販のオープン・ファイルが収納されている。

そもそも「引紹批言」とは梅棹の造語である。「引用」「紹介」「批判」「言及」の四単語の頭を連ねたものだ。この独特の単語をインターネットで検索してみよう。すると、二つの小論と、梅棹忠夫の著作『情報管理論』（岩波書店、一九九〇年）がヒットする。

二つの小論はいずれも、梅棹の秘書だった三原喜久子さんが、総合研究大学院大学（以下、総研大と略す）の求めに応じて梅棹資料室の活動を紹介したものである。総研大とは、みんぱくのような大学共同利用機関を基盤機関として一九八八年に開校した大学院だけの大学である。本部は葉山にある。この総研大で「大学共同利用機関の歴史とアーカイブズ」という研究（二〇〇四〜二〇〇九年度）が実施されていたらしく、その二〇〇五年度と二〇〇八年度の年次報告書にそれぞれ収められているようである。

梅棹忠夫自身は前述の著作に「引紹批言録のこと」という章をもうけて、「個人アーカイヴズの形成」が必要であると論じている。著作集を編集していた時期の書き下ろしであり、まず『情報管理論』に収められ、のちに、著作集第二二巻『研究と経営』（一九九三年）に収められた。

梅棹は名うての記録魔である。自分の著作物については若いころから「原稿のノート」をつけていた。それは著作目録の原形であったことは先にも触れた（第2章第3節）。一方、著作物は他人から引用される。これはそもそも自分が著作するのではないから、著作目録には入らない。それでは、いったいどのように記録しておけばよいのか。また、インタビューにしても、自分で書いたのではないから決して著作物ではない。しかし、自分自身に関する記事なのである。いったいどのように記録しておけばよいのか。

この問題を解決したのが「引紹批言録」である。引用や言及の記録を保管しておく。「個人アーカイヴズ」の第三の柱であるとし、「世間という鏡のなかにうつしだされた、わたし自身の客観的な姿の記録である」と解説している。ちなみに、第一の柱は「著作物」であり、第二の柱は「一件ファイル」であり、加えて「引紹批言」を第三の柱とする。

梅棹自身、アーカイブズに関する考え方を明確に示しているので、以下に引用しておこう。

わたし自身の個人アーカイヴズには、三つのおおきい柱がある。第一は、わたし自身の著作物である。単行本として公刊した著書はもちろんであるが、雑誌等に執筆した論文やエッセイのたぐいも、それが掲載されている雑誌の現物をほぼ完全に保存してある。新聞に執筆したものも、そのきりぬきを台紙にはって、ふたつ折フォルダーにはさんでのこしてある。著作活動は、わたしの公的生活のおおきな部分をしめるものであるが、五〇年もこういう著作活動をつづけてくると、その量はかなりのものとなって、点数にすれば数千点にのぼる。

個人アーカイヴズの第二のものは、一件ファイルである。仕事上の一件書類が、まさに一件ごとにフォルダーにおさめてある。このなかには、その仕事の経緯や、それに関連する書類、往復書簡などがはいっている。これがまた数千件ある。

個人アーカイヴズの第三のものが、ここで主としてとりあげてみたいとおもっている「引証批言録」である。奇妙な名まえであるが、引用、紹介、批評、言及という四つの単語から合成した、自家製のよび名である。これはつまり、各種の印刷メディアにおいて、わたし自身がどのようにあつかわれたかをしめす証拠書類である。いわば、世間という鏡のなかにうつしだされた、わたし自身の客観的な姿の記録である。企業や組織などでは、自社関連の新聞記事のきりぬきをつくっていることがおおいが、それの個人版である」。

（著作集第二二巻、四八八頁）

本書では、梅棹が残した資料を「梅棹アーカイブズ」と呼び、その中身の探索を進めながら、今後の探索の足がかり、手引きにならんとして、探索のプロセスを書き付けているのだが、実のところ、梅棹アーカイブズというものは、彼自身の構想によって生前から、このようにしっかりと構築されていたものなのである。

一九六九年の『知的生産の技術』の段階では、まだこの「引紹批言」という造語は登場しないけれども、その思想は「個人文書館」の項目でほぼ登場していると言ってよいだろう。自分で書いたものも、自分について書かれたものも、個人文書館に収める必要があるという考えにもとづき、自分に関する記録はすべて残すという考え方が早くも示されていた。今日的に言えば、日常を記録するブロガーのはしりだ。梅棹は元祖ブロガーである。

その証拠に、『知的生産の技術』の「日記と記録」の章で、梅棹は「魂の記録と経験の記録」という項目を立て、心の内面に触れない記録こそを推奨している。あるいはまた「航海日誌の個人版」が重要なのだと言い換えている。日記と日誌を対比するなら、梅棹が重視したのはあくまでも日誌のほうである。航海日誌は英語でログブック logbook と言い、ウェブ web 上のログ log という意味でブログ blog という造語が生まれた。心の感情を記録するよりも、事実の記録を重視した「航海日誌」派の梅棹こそはまさに、元祖ブロガーであると言えよう。

ちなみに、ログの原義はあくまでも丸太である。ログハウスのログと、ブログのログは同じく丸太である。その昔、船から丸太を流して速度を計り、それを記録して航海したから、「丸太」日記が航海日誌となり、あらゆるデータ記録をログというようになった。梅棹は、魂の日記から私小説へと展開するような文学派ではなく、記録に徹する「丸太」派なのだ。

梅棹の「引紹批言録」すなわち「引紹批言」を収めたファイルには、インタビューや書評など新聞や雑誌の記事が集積されている。これらが日付順に並んで書架に収められている。この棚の前に脚立を置き、順番に調べていくことにした。とりあえず、一九七三年あたりから。

そして、案外というべきか、あるいは案の定というべきか、くだんのポートレイトと同じ写真のある記事はたちどころに発見された。これだ！

オリジナルは読売新聞の記事だった。一九七六年三月二二日付の夕刊紙面にある「顔」というコーナーである。どうりで「顔」がクローズアップされているはずだ。記事には「大きく笑ったが、まなざしには、獲物を襲うタカの鋭さが消えない」とある。「事実の狩人」とも形容されている。取材した記者の描く梅棹像は、私たちがポートレイトを選択した基準とまさしく一致していた。東京版と大阪版とは同一本文ながら、見出しが「〝民族の古道具〟狩る」「民族の〝古道具屋〟」とやや異なり、写真も異なる。私たちは大阪版の「顔」のほうを選んでいた。

実は、「引紹批言」のファイル群のなかからこの記事を発見したとき、偶然にも、梅棹資料室には読売新聞社の記者がいた。まるで運命が引き寄せたみたいに。早速、みんぱくから正式に願い出る一方、同記者を通じて読売新聞社から使用許可を得た。こうして無事にチラシやポスターを配布するまえに、著作権をクリアーすることができたのだった。

『モゴール族探検記』の書評

かつて、私は『エスノグラフィー・ガイドブック――現代世界を複眼でみる』（嵯峨野書院、二〇〇二年）の編者たちから、梅棹忠夫の『モゴール族探検記』（岩波新書、一九五六年）を紹介してほしいと頼まれた。そこで、私は同書の刊行当時における社会的インパクトについて解説することにした。それはふつうならそんなに簡単なことではない。当時の新聞や学会誌などの書評を丹念に集めなければならないのは大変なことである。しかし、私は容易にこなすことができた。なぜなら、すでにそうした情報は収集され、整理されていたからである。「引紹批言」に。

「引紹批言録」の棚の一九五六～五七年あたりには、同書に関する書評の入ったファイルがいくつもならんでいる。

フランス文学者の桑原武夫は「よく見える眼とはなにか」と題して『図書』一九五六年一〇月号に執筆し、すばらしい事実とすぐれた表現が兼備されていることを大いに愛でた。作家の深田久弥は同年一〇月一三日付の『図書新聞』に「「柔らかい感受性があって、平易なばかりではなく、新しい意味の名文である」と褒めている。同じく作家の武田泰淳は同年一〇月二九日付の『日本読書新聞』で「気持ちの良い文体と素直な観察、行きとどいた描写」と讃えている。言語学者の金田一京助は、一種の言語調査であることに大いに関心をしめし、「ベストセラーと聞いてなるほどと思った」と締めくくっている（『図書新聞』同年一〇月二七日）。そのほか、『週刊朝日』、『週刊読売』、『サンデー毎日』、『東京大学学生新聞』などの書評が書誌情報とともに整理されている。

『婦人公論』同年一一月号の「ブックガイド」は次のような書き出しで始まる。

「七年ほどまえ、大学の教師になりたてのころ、学生に、どういう人を尊敬しているかという月並みな質問をしたところ、その学生は、〝梅棹忠夫です〟と答えた。カントとも、サルトルとも答えなかったこの大学生の見識には、今思い出しても感心する。この本の著者は、何も本を書かないときから、自分のまわりの人々に深い印象を残していた。その考え方、くらし方、その人そのもののスタイルが、新しいのである」。

そして、次のように終わる。

「この遍歴の記録には、日本人のもっている最も良い側面があらわれている。欧米人によっては到達できないモゴール人たちとの共感。この共感にもとづく村の生活記録。記録にさいして用いられるテープ・レコーダー、カメラなどの近代技術。一部門でなく各種の自然科学、人文科学のインタプレイ。探検家としての熟練。この紀行文には、世界戦争をとおりぬけて再生した新しい日本人の姿勢がある」。

「日本人しかできない仕事」と題した鶴見俊輔氏による書評である。もちろん、日本人なら誰しもできる仕事というわけではない。戦後の新しい日本人のありかたを示すことができる人として梅棹を評価する鶴見の見識が印象的である。

このように、「引絽批言録」は威力を発揮する。

被引用回数という指標を越えて

ところで、私たち現代の研究者たちは、どれほどこの「引紹批言」の記録を実践しているだろうか。「個人文書館」を実現しているだろうか。自分の著作物については、誰でもみずから管理していると思う。実物を残し、その書誌データ等を整理して、一種の著作目録を作っているだろうと思われる。

しかし、自分の業績が誰にどのように引用されているかという点についてはかなり難しい。引用した人が、引用された人に対して自分の論文を送る、という習慣を学界で確立でもしないかぎり、誰がどこで利用したかという全容をフォローすることはまずもって不可能である。せいぜい主要な雑誌に限定し、引用されているか否かをチェックするぐらいしかできないだろう。

ただし、人文・社会科学の場合、研究は必ずしも先端だけで累積的に進化するわけではない。多角的に展開していくので、主要な雑誌ですぐフォローされないからと言って、意味が無いわけでもない。世界で数人しか扱えない研究テーマもある。また、相当に時間を経ないと普及しない研究テーマもある。だから、執筆直後にどれだけ引用されたかという回数と、当該研究の意義は必ずしも相関するわけではないのである。自然科学において、被引用回数や雑誌の重み付けを意味するインパクトファクターで論文を評価するのとは、本質的に異なっている。

被引用回数という指標は、研究業績を評価する際の一つの物差しにはなるだろう。が、あまり頼りになる基準でもない。とりわけ人文・社会科学の場合は、自分たち自身で新たな指標を考える必

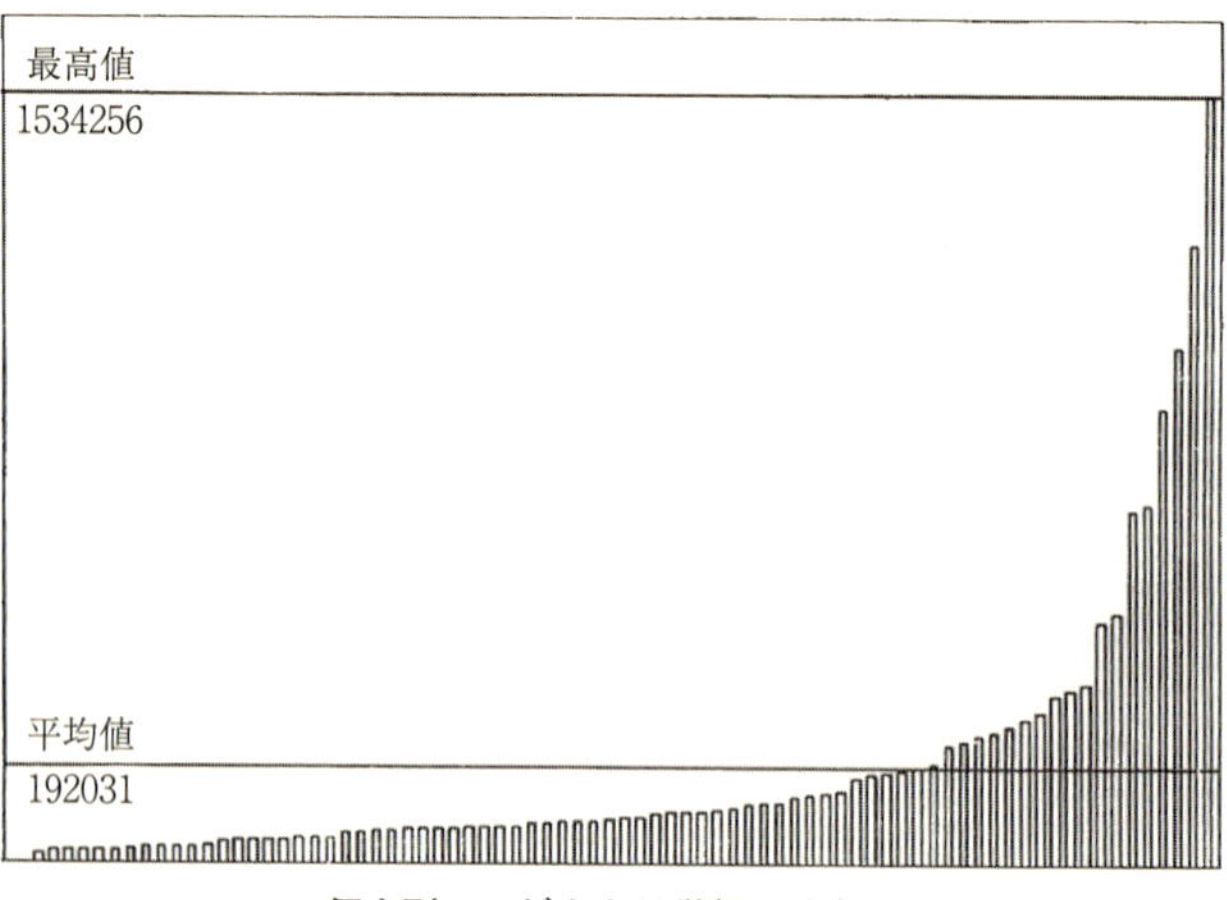

個人別ページあたり単価の分布図

（出典）『民博通信』第46号19頁の図より著者作成

要がありそうだ。記録マニアの梅棹なら、どんな数値をひねりだしたであろうか。

梅棹の奇抜なアイデアとしてみんぱくで知られてきたのは、給料の支給総額を本人が書いた頁数で割った数値によるランキングである。一九八九年、『民博通信』という研究者コミュニティに配布される雑誌に掲載された「研究業績の評価について」という評論には図がついていた。同文は前述の『情報管理論』に所収された。この方式だと、数値の高さは分母の少なさを意味し、あまり書いていない人ほど上位を占める。「あんたの原稿料は高いなあ」はすなわち「全然、書いとらんやないか」というわけである。

もちろん、論文の質ではなく、あくまでも量にすぎない。それでも、研究者の「自覚にもとづく自発的努力」を促し、成果を社会に還元するよう勧めるために試算結果が公開されたのだった。

今日、研究機関や研究者の評価をめぐって、業績の被引用回数やその学術的インパクトあるいは社会的インパクトなどを数値で示すべきだという方針が、とうとう人文・社会科学系にも及び、抜き差しならない状況におかれている。梅棹の「引紹批言録」という発想の時代的な早さに驚くとともに、あらためて、評価に関する代替指標を考案する際、「引紹批言録」に見られる網羅的な情報収集体制の確立は参考になるだろう。

3　文章表現に対する飽くなき努力

呻吟する只棹埋男翁

梅棹忠夫は六五歳のとき突然、失明した。にもかかわらず、その後の三年のあいだに口述筆記によって四〇冊を著わした。驚異的なスピードである。当時、「月刊うめさお」と称せられていたが、月刊以上に高速だった。失明してようやく執筆時間を確保した、と理解したほうがよいだろう。

すらすらと読みやすい文章だから、さらさらと書かれたように思われるかもしれない。しかし、梅棹は編集者泣かせの遅筆だったようだ。いくつもの証言がある。

たとえば、『知的生産の技術』のなかで、「ある作家の作品のなかに、只棹埋男翁という老学者ができて」、原稿の締め切りがきても書けないので苦しんでいると、夜中にキツネがとりついて、たちまち文章ができあがる、と描写されていることを梅棹自身が紹介している。「ある作家の作品」とは小松左京の『地図の思想』(講談社、一九六五年)に所収された「野と水」のことである。

この随筆にくだんの翁が登場する。翁といっても梅棹はまだ四四歳だし、二人の年齢も一回りほどしか違わないのに、すっかり老人扱いされている。機関銃のようにおしゃべりな、大阪生まれで大阪育ちの小松左京から見れば、ゆったりと語る京都人の梅棹忠夫には老成したイメージがあったのかもしれない。それはともかく、梅棹は執筆にあたって呻吟するという事実がさりげなく伝えられている。

『知的生産の技術』の編集を担当した小川壽夫氏は、原稿催促のために京都の梅棹宅を訪問すると、

「先生は、トイレの水の流しかたをどう書いたらお客さんにわかってもらえるか、苦悶されている。できるだけ短く、ひらがなで二行。何度も書き直す。その日は、督促のしようもなかった」。
(前掲「知的生産のはるかな道のり」)

というエピソードを紹介している。

一方、河出書房から出版を予定していながら未刊に終わった『人類の未来』に関して、その編集を担当していた小池信雄氏によれば、一向に執筆が進まないので、会社に理由書を提出しなければならなかった。

くだんの理由書はなんと梅棹アーカイブズにも残されているので、少し読んでみよう。

「研究所から七時ころ帰宅し、食事。自室へ入り、原稿を書くべく机へむかうのは、十時。それから四時くらいまでおきている。しかし、翌日があるので、なるべく四時にねるようにしているが、原稿が書けはじめ調子にのるのが、そのくらいの時刻なので、つねに中断しなければならない。しかも、興奮したまま床に入るので、寝つかれない。ねむるためにお酒をのむ。つい度をすごす」。

文学者や編集者たちによる近影は、いかにも人間くさい呻吟ぶりを伝えている。

才能より訓練

それにしても、口述筆記で高速生産する梅棹の執筆力から、前述のような苦悩ぶりがあったとはまったく想像できない。自分の書きたいことを書くときと、書かねばならないことを書くとき、という基礎的条件のちがいが大きく左右しているのかもしれないけれども、おおむね、遅筆あるいは呻吟のエピソードはせいぜい一九七〇年代までなので、遅筆だった人がそうでもなくなった、とみてもよいかもしれない。

文章のスタイルが人それぞれであるように、書き方のスタイルも人それぞれであっていい。夜中に沈静して書く人もいれば、朝方に覚醒して書く人もいる。天性の文才に恵まれている人もいれば、そうでない人もいる。梅棹は考えをまとめるのに苦労したからこそ、文才は後天的に獲得できると確信していた。だからこそ、『知的生産の技術』の最終章で「才能より訓練」だと書き、自分の試みている「こざね法」を開陳し、人びとにも推奨したのだった。

「こざね法」とはご存じのように、アイデアを小さな紙に書き付け、それを並べて文章の筋を作ることである。「プロットの可視化」とでも言い換えられよう。あるいはまた、文章のアウトラインを作る処理装置、いわば「文章プロセッサー」である。そんなIT技術をコンピューター抜きで梅棹は開発していたのである。しかも、日々、実践していた。だから、失明後も脳内にうかびあがる「こざね」を頼りに述べるだけできっちり構成された文章がすらすらと紡ぎ出されたのだろうと思われる。

「こざね法」が文章プロセッサー装置であり、かつその訓練法だとすれば、単語プロセッサー装置あるいはその訓練法は、ローマ字書きだったと言えるだろう。梅棹は「なるたけ耳できいてわかることばをつかうようになる。その結果、わたしの文章は、文体からして、すっかりかわってしま

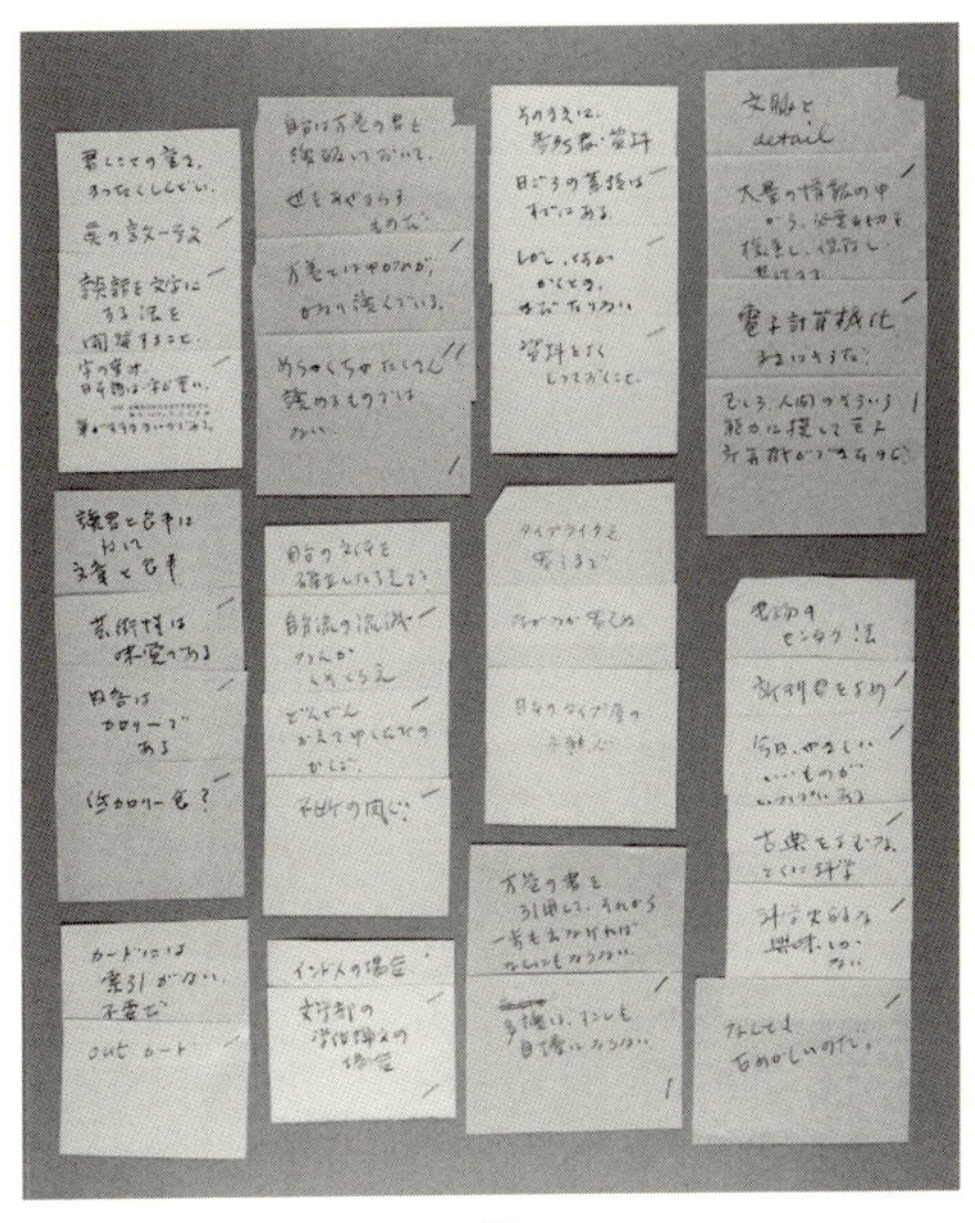

こざね

（出典）『梅棹忠夫――知的先覚者の軌跡』（撮影・尼川匡志）より

うことになった」（『知的生産の技術』）と述べ、またのちに「ローマ字によって、わたしの文章はきたえられたのである」と述懐している（著作集第一八巻『日本語と文明』、一九九二年）。

例をあげて紹介しよう。

モンゴル調査のフィールドノート（たとえば二一冊目の五〇頁）には「家畜の増減」と書かれているが、ローマ字カードでは「katiku no masiheri」となっている。漢字による熟語をそのまま「zôgen」とローマ字にしても、同音異義があってわかりにくい。漢字を用いない場合には、まぎれのないことばを選ぶ必要がある。「ましへり」という語は、辞書にはないが、聞けばだれでもわかる。このように、視力を失うずっと前から、ローマ字を採用して漢字を放棄するという作業を通じて、聴力にもとづくことば選びが実践されていたと言える。

ローマ字で書くという訓練によってさらに、簡潔で要を得た文章になっていったという効果は甚だ大きい。その証拠に、最初の彼のベストセラーである『モゴール族探検記』の書評がこぞって梅棹の文章表現を賞賛していることを挙げたい。

前節で紹介したように、多くの書評がその文体に言及している。科学的叙述における新しい水準とまで賞賛されたその文体は、過度な形容がなく、いたってシンプルだ。一文の平均はおよそ四〇字前後とやや短め。また、過去の話だからといって「〜であった」や「〜した」ばかりが続いて単調にならないよう配慮されている。今からみれば、新聞記事がそうであるようにごくふつうの文体である。半世紀以上も前の書評を読んで初めて、当時どれほど斬新な表現だったのかようやくわかる。

他方、梅棹の著作集全二二巻のうち、もっとも長い一文は、第一巻『探検の時代』に所収された「南洋紀行」の冒頭にある、次のようなものである。

「どことなくしろっぽさをもったはな色は、しかしこれがほんとうにあの有名なサンゴ礁の底まですみきってみえるという、すきとおった熱帯の水だろうかと、ちょっと疑念をもたすほどに、染料をとかしたような一種の不透明さを感じさせることはたしかであるけれども、舷側の手すりにもたれて、船がうねりをのりこすごとに、ぐーっと眼前にふくれあがってくるそのはな色の水塊をみていると、やはり船の底のほうからわきあがってくる泡粒どもが、水の不透明さの疑念をうちやぶって、ありありと看取されて、ああやっぱり透明なのだ、と前途にまつうつくしいリーフの光景に対する期待に保証を与えてくれるのだった」。

なんと一文が二八三文字！　梅棹の平均一文の七倍あまり。まるで樋口一葉を思わせるようなこの文章は、一九四一年、京都探検地理学会によるポナペ島（現在のミクロネシア連邦ポンペイ島）調査隊に参加したときの報告書の一文である。ローマ字運動に傾倒する以前に書かれた。

確かに、日々、ローマ字で日記をつけるなどの実践がまさに文章表現の訓練となって、梅棹の文体をすっかり変えたようだ。そして、やがてそれは私たちのごくふつうの文章スタイルになったのだった。

悲惨な和歌

前述の文章は、単に長いだけではなく、かなり文学的であるように思われるが、読者諸氏におかれてはいかがお感じだろうか。文学の道もあり得たかもしれないのに、要を得た表現をめざす専一的鍛錬が、文学的創造への可能性を摘んでしまったのではあるまいか。

梅棹自身は「文学的創造はわたしには縁がなかった」と回想している（『裏がえしの自伝』）。同書に

スケッチブックにある短歌

（出典）国立民族学博物館提供

は、「ただひとつだけ、文学的創造をこころみたことがある」として、青年のころ、北京や張家口で一緒だった加藤泰安氏に俳句の手ほどきを受けたことが記され、記憶しているという以下の三句が披露されている。

大陸の悲劇ここにみぬエンジュさく
燃えろ燃えろ銀河よ燃えろ俺はわたる
銀漢て銀河のことかくだらない

第一の句では、短詩型の言語芸術ではとても正確に意図が伝わらないことを嘆き、第二の句では形式の逸脱を試み、第三の句では「銀漢」という与えられた季語を蔑んだ。そして、とうとう破門されてしまったという。

それにしても何と悲惨な俳句よ。ただ、第一句については、少し注釈を加えておこう。梅棹はこの句で何を語りたかったのか。『裏がえしの自伝』には、以下のように解説されている。

「これは典雅な北京の街の、エンジュの街路樹にしろい花がさきほこっているしたを、ゲートルまきの無粋な日本兵が、蛮族のようにいばりかえってゆきかう悲劇性をうたったつもりである」と。ところで、エンジュは典雅を象徴し、悲劇とは人の側の浅はかさを指している。このエンジュということば、著作集の索引を見ればただ一度かぎり登場することがわかる。著作集第二二巻の五四七頁であるから、最後の最後と言ってよい。本書でも終章で取り上げよう。

アーカイブズに残されたスケッチブックのなかに、二〇歳のころ、初めて短歌に挑戦したさまが記されている。まったくの字あまりであるため、とても短歌とは思えない。一〇月一八日に立て続けに一二首詠んでいる。そのうちの幾つかをご紹介しよう。青年時代の傑作な〈逸脱〉をお楽しみください。

昨日も何もせず　今日もなにもしなかった
　　夜おそくまで唯机に向かっている　要領の悪さ
形式と伝統を　あんなにまで尊重するくせに
　　自分で歌をつくって見たら　こんな妙なものになった
こんなのは　歌以前かもしれないが　自分では

表現の簡素さの練習が目的だとひとり安心する

僕が歌を詠んだら　まさかこんな形をとるとは

今まで夢にも思わなかった　ほんとうにびっくりした

今のうちは良いけれど　もし本気になって

良い歌を詠みたいと思うようになれば苦労が一つふえる

やはり根っから文芸向きではなかったのかも……。

第4章　知的に遊ぶ梅棹

1　ヒツジをめぐる物語

モンゴル国であれ、中国内モンゴル自治区であれ、モンゴル（以下、とくに断らない限りは両地域をともに指す）の草原部で飼育されている家畜はヒツジ、ヤギ、ウシ、ウマ、ラクダの五種類である。これら五種類の家畜のうち、これまで数のうえでもっとも多いのがヒツジであった。

モンゴルのヒツジ

モンゴル国の二〇一五年の統計によれば、家畜は総計五五九八万頭であり、そのうち、ヒツジは二四九四万頭であり、人間の数つまり人口三〇五万七〇〇〇人（外国にいる一一万人を除く）のおよそ八倍である。市場経済へ移行してからは世界経済と直結するようになり、カシミアが高額で取引されるようになったため、ヤギの頭数が急増し、二〇一一年に初めてヤギがヒツジを抜いたこともあるが、それ以後、ヒツジはやはりヤギより多い。

ヒツジとヤギはまぜて放牧されている。モンゴルの草原部におもむくと、そこかしこに、ヒツジとヤギから成る群れが見受けられるだろう。およそ百頭から千頭ほどの規模である。雪害後の復興期なら、百頭以下の小さな群れでなんとか生計を立てている家庭も多い。また首都近郊に移住してきた裕福な家庭なら、千頭以上の大きな群れを維持していることも少なくない。

群れの規模こそ大小あれども、これらの群れに共通しているモンゴル独特の特徴は、群れのおよそ半分がオスであるという点である。

一般に、世界中どこでも牧畜民の飼う家畜の群れはほとんどすべてメスである。種付け用に選ばれたオスは一頭あたり数十頭の担当をこなす。そのため、オスはメスの数ほどには生き残っていない。子畜のときに食べられてしまうのである。イタリア料理やフランス料理でいうところの、子ヒツジの料理とは、まさにオスの子ヒツジをつぶして食べているのである。

ところが、モンゴルでは子ヒツジを食べる習慣はこれまで存在しなかった。子ヒツジを殺す代わりに生かして残す。ただし、去勢して。去勢しておけば、メスを取り合うことはなく、群れを分裂させることもない。

ヒツジにかぎらず、モンゴルでは、多くのオスを殺すことなく、去勢して維持する。そして、去勢されたウマ、ウシ、ラクダたちがいわば戦車となり、去勢されたヒツジ、ヤギたちがいわば動く食料庫となる。去勢オス畜こそは軍事力として機能してきたのであった。

村上春樹なら、ヒツジをめぐる冒険を書き、幾多の文学賞を受賞するに至るのに対して、梅棹忠夫はヒツジをめぐって何を書いたのだろうか。

馬糞に群がるヒツジたち

先に紹介したように、一九四四年から四五年にかけて内モンゴルで実施された現地調査について、今西錦司らの分も合わせて計四六冊のフィールドノートが残されている。それらのノートから必要事項を抜き書きしたカードは全部でおよそ五〇〇〇枚。みんぱくのホームページ上にある「民族学研究アーカイブズ」で公開されている。また『梅棹忠夫のモンゴル調査　ローマ字カード集』も刊行された。後者をみんぱくリポジトリでダウンロードすると、ヒツジという単語が一八〇件ほどヒットする。そのうち、ヒツジに関するものとしてまとめられていたカードはおよそ一〇〇枚。たとえば、以下のような項目がある。

耳印、ヤギとの混牧の理由、ヒツジの妊娠、ヒツジの双子、種ヒツジ、ヒツジの角、ヒツジ飼いの乗りもの、ヒツジ飼いの役（ヒツジの番）、ヒツジと水、ヒツジの草の食べ方、馬糞を食う、去勢、ホグ（モンゴル語で種オスヒツジにつける貞操帯のこと）、屠殺頭数、家畜の増し減り、疫病、雪害、狼害、群れの規模、群れの数、群れの行動、ヒツジの放牧、子ヒツジの放牧などなど。

これらの情報の多くは、当時のモンゴル人にとってごくあたりまえのことであり、およそ外国から来た研究者がわざわざ記しとどめるに値することか？　と思われていたにちがいない。しかし、いまやモンゴル人の多くは家畜とともに暮らしてはいない。季節的に放牧地を換えるという遊牧形態を維持しているモンゴル国でさえ、遊牧民の数は人口の一七パーセントにすぎない。ましてや中国内モンゴル自治区では季節移動をしなくなって久しい。だから、梅棹忠夫の記録は、実に貴重な生活の記録となっている。残念ながら、ごく普通のことが、稀有な情報になってしまったのである。

誰もが知っていたはずのことも記録されなければ歴史とならずに消えてゆく。梅棹忠夫の記録によって、当時のモンゴル人たちがどのように放牧していたかが歴史として残されることになるだろう。

なかでも珍しいと思われる記載は「ヒツジが馬糞を食う」話である。フィールドノートにある「今西さんの観察として」という記載にもとづいて、「ヒツジが密集しているところを見に行ったら、せっせと馬糞を食っていた。それからもしきりに馬糞をあさっている」と転記されている。国境に近いゴビ地帯での一一月の記録であり、植生条件が悪いことを反映しているようである。配合飼料を与えられて肥育されている現代のヒツジからは想像もできないようなヒツジの行動もまた、歴史の一部として記録されて初めて未来に伝えられることになる。

五種類の家畜のなかで、ウマは唯一、反芻しない。だから、セルロースなど繊維質が徹底的に分解されるわけではない。ウマの糞はウマがかみ砕いた草の塊のようなものなのである。馬糞は「俵型の草団子」と言い換えてもよいだろう。草のない季節に、もと草である馬糞を食べているヒツジたちが観察されていた。

畜糞についてモンゴル語ではアルガリ（牛糞）、ホルゴル（ヒツジ、ヤギの糞）、フルズン（凍って固まった糞）などと呼び分けられ、性質によって使い分けられている。よく乾燥した馬糞は牛糞よりも火つきが良く、早くお茶を沸かすことができるが、すぐ燃え尽きてしまうので暖房には向かない。有名な『元朝秘史』はチンギス・ハーンの活躍を後世に伝えようとする口頭伝承文学である。そのなかにも馬糞が登場する。「馬糞を焚く」という表現は人の後ろをついて行くことをも意味するという。

さらに今、ヒツジたちが馬糞に群がって馬糞を食べるという事実を加味すると、軍事作戦として移動する騎馬軍とそのあとをついて行くヒツジ隊すなわち補給ロジスティクスというイメージにまで広がっていくような気がする。

ヒツジ・ヤギの群れの観察

そもそも動物生態学を専攻していた梅棹にとって、ヒツジなどの家畜の群れの行動は、メインテーマであった。その規模や動きに関する観察結果は、フィールドノートに文字で記載されたばかりでなく、やや大きめ（A5判）のカードにスケッチもされていた。同じ丘の稜線が描かれたカードが何枚かあって、それに黒い点がポツポツと描かれている。点のひとつ一つがどうやらヒツジあるいはヤギの個体である。

スケッチの一つに、張家口市西郊と記されている。梅棹たちの居住していた、西北研究所の宿舎付近の丘だろう。一九四四年八月二八日、一九時〇分から四〇分間。五分ごとに黒い点々の位置が

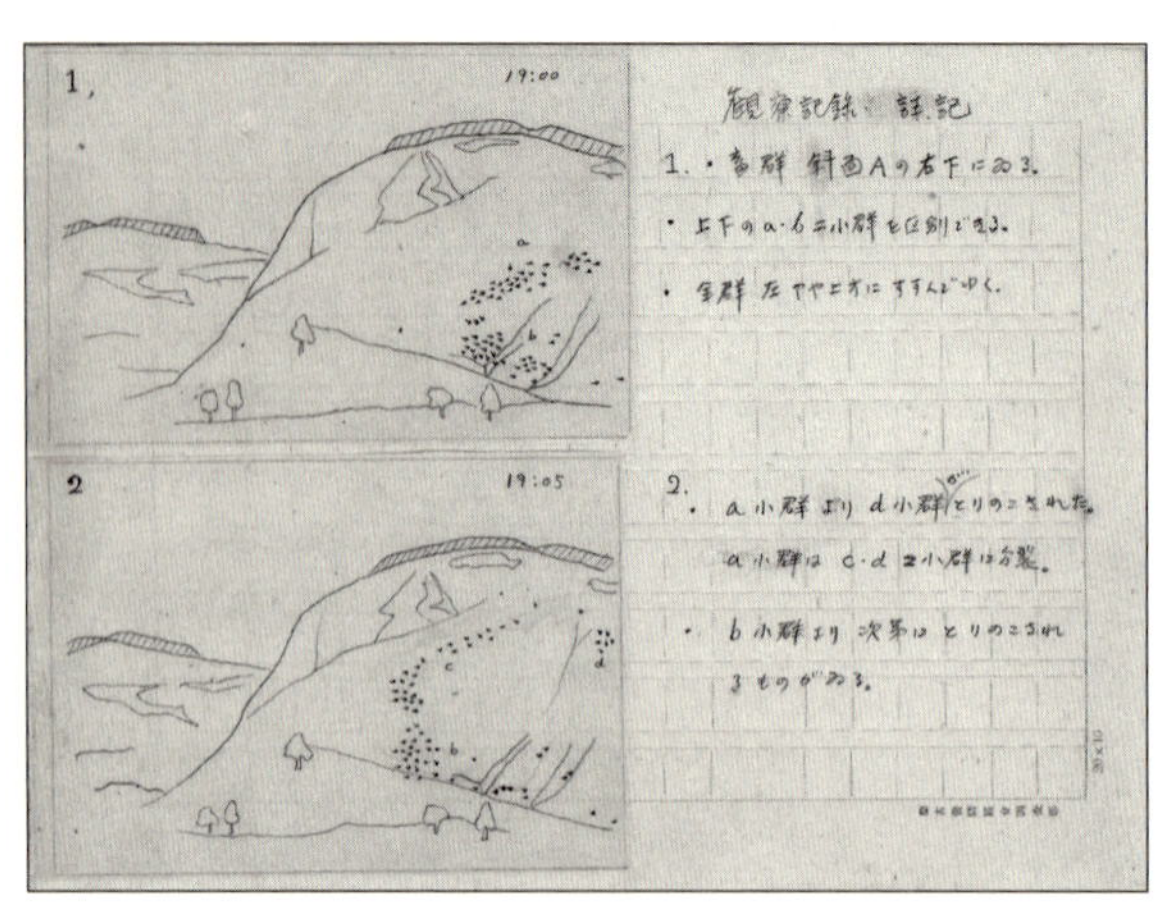

ヒツジあるいはヤギの観察スケッチ

（出典）国立民族学博物館提供

異なっている。また別の日に別の場所で一五分ごとに。動画で撮影する代わりに、こんなふうに、手書きで畜群の移動のさまが記録されたのだった。

こうした群れの行動に関するスケッチはさらにB7判に清書されて「蒙古善隣協会」の原稿用紙に貼り付けられている。草稿のタイトルは当初「群れの社会心理学的考察——その有用性について」であったらしい。「これはかなりの文献学を必要とする」というメモが加えられており、あくまでも予備的考察として「山羊群の観察——問題の提起」というレポートが用意されたようである。

当該レポートはおよそ三〇枚。「直翅類動物之生態学的研究」と書いた表紙が貼り付けられた書籍の紙函のなかに、「直翅類昆虫の生態」と題したレポートとともに収められていた。直翅類とはコオロギやキリギリスなどバッタの仲間のことである。梅棹はのちに「直翅目を指標にした内蒙古の生態学的地域区分」という論文を書いた（著作集第二巻『モンゴル研究』所収）。しかし、当該レポートはついに完成されなかった。

未完のレポートの目次で梅棹は「群れの形態学的研究」という概念を提示し、「事実の記載がまず行われるべきである」とメモ書きしている。構造や機能に先駆けて形態を論じようとするレポートは以下のような書き出しで始まる。

「群れの研究をすすめる手がかりとして、筆者は、畜群のしめす行動の基本的性格を群れの形態の観察より導き出そうとこころみる。では、群れの形態とは何か。何をもって群れと見るべきであるか」

梅棹によれば、群れが超個体的存在であるならば、輪郭をもって形態とみなせばよいが、超個体的存在であるかどうかは議論の余地があるから、まずは個体から把握すべきである。彼はそう提案し、個体を点として記録し、その実態を示すというレポートになっている。のちに、京都大学アフリカ地域研究資料センターの太田至教授らによって進められた家畜群の行動に関する研究に似ており、梅棹が論文として完成させていれば、大いに参考となりそうな先駆的試みではあった。

梅棹自身は帰国後、このヒツジたちの行動に関する研究をオタマジャクシで再開した。このことは自伝『行為と妄想』にも書かれているため、比較的よく知られているにちがいない。白いヒツジによって喚起された探究心は黒いオタマジャクシによって継承されたのである。先にも触れたが、一九六一年、梅棹は「動物の社会干渉についての実験的ならびに理論的研究」という数理生態学の先駆けとなる論文で、京都大学から理学博士号を取得する。

ヒツジからオタマジャクシ

それにしても、人間が介入するヒツジたちと、勝手におよぐオタマジャクシとでは群れの形態も構造も機能も異なっているはずだ。にもかかわらず、それは決して「オタマジャクシ」の論文ではなく、「動物」と銘打たれてヒツジまでの含みが保たれているところに、梅棹の一貫した情熱が感じられる。

モンゴルにある五種類の家畜のなかで、ヒツジやヤギは、個体相互の距離が他の家畜に比べて小さく、密集している点で、群集性が高いと言える。一頭の種オスが複数のメスを率いるウマの群れと比べれば、そのちがいは明瞭である。相互に干渉しあう群れを志向するあたりに、梅棹の根源的な関心のありかを感じるのは私だけであろうか。

2 ベンゼン核の好敵手――川喜田二郎

学術探検家をめざした若者たち

梅棹忠夫は自伝『行為と妄想』の第三章「探検隊の見習士官」のなかで「ベンゼン核」という風変わりな見出しをもうけている。ベンゼン核とは言うまでもなく、六個の炭素原子が結合してできる、亀甲型の構造を指す。現在ではもっぱら「ベンゼン環」と呼ぶらしい。確かに、核というと中心があるようなイメージを与えるのに対して、環と呼ぶほうが六つの対等な関係をイメージしやすい。

梅棹の紹介する「ベンゼン核」とは、この構造になぞらえて団結していた友人たちのことである。「それぞれの専門をもって学術探検家になろうとこころざしていた」という（『行為と妄想』）。もちろん、その数は六人。

理学部で動物学を専攻していた梅棹忠夫。同じく理学部で地学を専攻していた藤田和夫。文学部で地理学を専攻していた川喜田二郎と伴豊。理学部で地球物理学を学んでいた本野（のちに和崎）洋一。そして一級上で、農学部で農学を専攻しつつも、実質的には気候区分論を研究し、のちに植物生態学の大家となる吉良龍夫（以下、本人によるその後の表記にもとづき、竜夫と記す）である。

しばしば、この六人衆に今西錦司がいるかのように誤認されてきたのは核ということばが喚起するイメージのせいかもしれない。今西は六人衆のメンバーではなく、六人衆がかつぎあげたリーダーである。一八歳も年上のリーダーをいただく探検家集団は一九四一年ごろに結成され、自主的な勉強会や調査報告会を企画運営するとともに『地平線』という雑誌をつくった。この雑誌については次節で紹介する。

のちに今西グループなどと呼ばれるようになる集団の人間関係について、梅棹はわざわざ「師弟関係を主軸とする心情的なあつまりのようにおもわれていることがおおいが、事実はそうではない」とか「だれひとり今西先生の講義をきいたものはいない」と否定形をかさねて強調したうえで、「いわば契約にもとづくゲゼルシャフトであった」と述べている（『行為と妄想』）。目的をもった集団で、一種の営利集団のようなものだというわけである。リーダーとの関係はもとより、メンバー同士の関係もまた目的志向型であったとみてよいだろう。

旧友、川喜田二郎

六人衆のうち、梅棹にとってもっとも古い友人は川喜田二郎である。「生涯をとおしての親友である」（著作集第一六巻『山と旅』五六八頁）と梅棹は紹介している。

梅棹少年と川喜田少年はともに一九二〇年生まれの、京都一中の同級生であり、ともに博物学同好会に属し、山岳部にも入った。梅棹アーカイブズには両者の緊密な交友関係を示す資料がいくつか残されている。

京都一中の集合写真

（出典）『梅棹忠夫――知的先覚者の軌跡』（提供・梅棹淳子）より

たとえば、写真。今西錦司は一九三四年一二月から翌年一月にかけて、冬の白頭山（中国と北朝鮮の国境付近にある山、中国側では長白山と呼ばれる）の初登頂に成功し、記録映画を携えて母校である京都一中を訪問した。そのとき撮影された写真では、今西たち先輩が前列の椅子に腰掛け、後列に後輩の中学生たちが並んだ（同写真は『梅棹忠夫――知的先覚者の軌跡』六頁に掲載）。梅棹少年は中央に立ち、その右に一人おいて川喜田少年が立つ。二人はこのように今西との公的な出会いを共有している。

三高時代の日記にも川喜田少年のことはしばしば登場する。母親からの伝言を依頼されるなど、母と息子のあいだをとりもったりもしたようである。

川喜田二郎からのハガキや手紙も残されてい

た。たとえば、昭和一〇年八月九日の消印がよみとれるハガキの文面は以下のごとく。

初秋御見舞申上候。

問、

一、大峯行はどうだった。

一、山城三十山記はどうなった。

一、其他の山行はどうだった。

川喜田二郎からのハガキ

「北山」の原稿を書きにかかった。ベンキョでいそがしくて仲々かけぬ。

エーーーホッ

川喜田に宛てたかもしれない梅棹からの返信はさすがに梅棹側には残っていない。回答していたとしたら、どんなふうに書いたのだろうか。大峰山系の縦断から梅棹は八月二日に帰還したばかりだった。『山城三十山記　下篇』の奥付は七月一六日なので、ようやく印刷も終わったころにちがいない。「北山」の原稿というのは、『山城三十山記』とは別なのだろうか。いずれにせよ、一五歳の少年たちの関心がいかに山歩きとその記録にフォーカスされていたかが知れる。

最後の不思議議な呼びかけは三センチ四方のとりわけ大きな文字で書かれている。彼ら山仲間独特の呼び声なのであろう。『大興安嶺探検　一九四二年探検隊報告』で梅棹は「ビストラヤ本流からアムールへ」の執筆を担当し、そこで「われわれのつかう、山なかまどくとくの『エッホーッホ』というよびごえ」を紹介している。一五歳から二二歳までのあいだに、独特の呼び声というものも少々、長めになり、進化したのかもしれない。

川喜田少年からのハガキ

こうした古いハガキ類は「KUSE　No.22」と書かれた木箱（縦四四センチ、横七三センチ、高さ三二・五センチ）におさめられていた。ＫＵＳＥとは京都大学カラコラム・ヒンズークシ学術探検隊の略称であり、二二番の木箱は梅棹の個人装備を収納した箱だったという。ＫＵＳＥの道中、梅棹の撮った写真にはしばしば二二番の木箱が写りこんでおり、探検隊の行程がわかるように、意識して、この木箱をずっと撮影していったのではないかと思われる。そして、探検終了後、この木箱は個人古文書館として利用されていたのだった。

川喜田少年からのハガキのなかに、一枚の年賀状がある。切手は切り取られ、消印もかすれてわからないが、黒地に赤いイノシシが浮かびあがる図柄から、亥年と知れる。ちょうど一九三五年が亥年だから、一九三二年に中学に入学して知り合い、意気投合して交わした年賀状なのであろう。

その前年の暑中見舞いには、ふんどしと釣りざおをもって「例ノトコロ」に集合するよう指示が出されている。現代なら、さしずめ携帯電話で連絡を取り合うところを彼らはハガキで交わしていたのだった。

その暑中見舞いの最後には「発句」と記載され、続いて「カワイソウナハ、ズボンノオナラ、右ト左二、ナキワカレ」とつづられている。ひょっとすると、これを受けて梅棹も、あるいはハガキで応じたかもしれない。情緒を込めること無く、冷静に「ソノニオイ、ウスレユク」とかなんとか。そんな想像を誘発させるほど、川喜田の文面はとても親しげである。

昭和一一年六月一三日付のハガキには「相変わらずの、スロオモオションで返事がおくれた。おこるなよ。こんな事で怒る君ではなかったはずだ」で始まり、山行きの成果を告げたのち、「さて主要任務たるアレの事」と書き出し、手紙は面倒だから「君ン所を、おそふぞ。或は来い。」とある。襲うという物騒な表現も、行動派の二人にはお似合いである。ちなみに、この日は梅棹の誕生日だが、気付いている様子はない。

昭和一四年八月のハガキの消印は、四日、九日、一二日、一四日、一五日と連続している。しかも、送信先や受信先が一様ではない。送り手の川喜田も受け手の梅棹も移動しているのであった。まるでツイッターのようなやりとりがハガキでなされているのは、札幌で合流するためである。

梅棹の回想によれば（著作集第一六巻『山と旅』一七七 - 一八一頁）、川喜田と二人一緒に落第したあと、一九三九年の新学期からはまじめに授業に出るようになり、試験の成績もよく、安心して夏休みを過ごせることになった。梅棹は単身、先に、初めて東京に行ってから下北半島へと足を伸ばし、そこから北海道へ向かう。そして、川喜田と落ち合い、約束通り二人で大雪山群を歩いた。

似ていて非なる、好敵手

かなり親しかったはずの二人はしかし、やがて離れていったようにみえる。かの有名な「KJ法」の名前は梅棹が決めたというのだから、けんか別れをしたわけでもなかろうが、存外、二人の行動は別々である。

とりわけ一九四九年、大阪市立大学理工学部に梅棹が着任し、翌年、川喜田が同大学文学部に着任したころから、接点が少なくなってしまう。両者が同じく大阪市大に勤務していたこの時期に、川喜田はネパールをめざし、梅棹は二度にわたって東南アジア学術調査隊を組織した。二人の交わりは、講演会や学会誌の刊行をめぐる協力にとどまっている。

こうした独立と連携の関係こそは彼らがみずから「団結は鉄よりもかたく、人情は紙よりもうすし」と規定していた「ベンゼン核」における人間関係の基本だったのかもしれない。

二人の仲について、川喜田は「ながいつきあいのせいか、梅棹君と私は、打ち合わせてもいないのに並行的に相似た発想や興味を示すようになってしまった」と述懐している（川喜田二郎著作集別巻『私の人生論・年譜・著作目録・総索引』中央公論社、一九九八年、六七頁）。

そのような並行的な関心を端的に示すものとして、早くも一九六四年に川喜田が刊行した『パーティー学』（社会思想社）をあげたい。このパーティーというのは宴会や政党のことではなく、登山チームや派遣部隊のことである。同書の内容はそんな書名には納まりきらない広がりをもっている。

実は、梅棹の著作にたとえるなら、『文明の生態史観』でもあり、『知的生産の技術』でもあり、『研究経営論』でもある。「組織論」のみならず、「文明論」と「発想法」を含んでいるのだった。

そもそも、文明と生態学的条件との関係に関する議論はもともと京大人文研での共同研究をベースにしたアイデアであるから、メンバー共有の知的財産であったと言えるのではないだろうか。京大人文研に残された資料をみれば、知見の共有度などが明らかになるだろう。誰が書いてもおかしくないほど共有されていたとしても、梅棹はKUSEの帰路における見聞と撚り合わせることによってオリジナリティを高め、一九五七年に『中央公論』という舞台で発表したのに対して、川喜田は一九六四年に自著のなかに埋め込んで文明を論じた。

一方、共同研究の方法論としてB6判のカードを使う点も人文研で共有されていた。こちらについては、川喜田は『野外調査法への序説――ネパールの経験から』(自然史学会、一九五四年)のなかで「成果の整理」方法として言及し、その後、一九六七年に『発想法――創造性開発のために』(中公新書)を発表し、やがて「KJ法」で知られるようになる。それは、梅棹の「知的生産の技術」の連載よりは遅いが、書籍刊行よりは早い。ほとんど同時期にそれぞれのカード利用術が公開されたと言えるだろう。

もともと二人は中学時代からともにメモ魔のレオナルド・ダ・ヴィンチに憧れていた。探検で培った組織論も若いころからの共有財産である。そうした両者の共時的経験が並行的発展をもたらしたことはまちがいない。

ただし、「ベンゼン核」のなかで「梅棹君と私とは、お互いに対照的なほどにちがっていた」とも述べられている（川喜田著作集別巻、六六頁）。川喜田によれば、少年のころからチームワークがうまいのは梅棹のほうであった。梅棹が文学青年で、「万事スッキリ好み」なのに対して、川喜田は哲学青年で、「万事ゴッゴツと野暮ったかった」とある。

けだし、同じようにカードを用いる知的生産とはいえ、梅棹は個人的な利用法を一般に紹介して広くシェアしたのに対して、川喜田は人びとが議論するときに意見をシェアするための方法論として展開した。似ているようで異なっている。異なっているからこそ、互いに大いなる刺激になったのだろう。

情報共有の方法論のちがいをめぐって、京都大学文学部の地理学教室では次のように伝承されている。「今西、梅棹、川喜田の三人はどのように弁当を食べるか？　一人でぜんぶ食べてしまう今西、先に半分食べてから人にわたす梅棹、最初からみんなで食べる川喜田」と。当該学科の先輩である川喜田にとってやや有利な伝承となっている。

3 幻の雑誌『地平線』

みんぱく「友の会」の会員になると、さまざまなサービスが受けられる。なかでも『季刊民族学』は、みんぱく創設とともに「家庭学術誌」という新しいジャンルの出版物として一九七七年に創刊された大判のカラー雑誌であり、この季刊誌が提供される。

まぼろしの論文「ふたつの実験国家」

同誌の第一〇一号（二〇〇二年夏号）に梅棹忠夫の対談「いま、わたしたちが立っている場所」が掲載されている。対談者は不肖、小長谷。対談と言っても、もっぱら私は聞き手にすぎない。

二一世紀を予見し、これから起こりうることとして「帝国の解体」に話が及んだ。ソ連邦はすでに解体していたが、梅棹は、まだ完全に解体していない帝国であると語った。そして、中国についてもまた、異民族を支配し、かつ版図の拡大を志向しているという点で帝国であるという。対談から一〇年以上を経た現在、国際情勢はまさにその通りで、首肯せざるを得ない。そして、梅棹はそうした帝国内部において分裂が進むだろうと予見したのだった。

そこで、私はアメリカのことをどうみるかと問うた。社会主義諸国が貧富の無い社会を夢見て社会的実験に挑み、歴史的に失敗したことを念頭におきながら、アメリカもまた、移民による実験場のようにみえる、と話題を振ってみた。すると驚いたことに、梅棹は、一九四〇年代にそういう論文を書いたことがあると応じたのである。「ふたつの実験国家」と題する論文だったという。

「しかし、これは活字になっていない。『地平線』という題の手書き原稿をつづった同人回覧雑誌でした。その時は、アメリカだけじゃなくて、ソ連も実験国家というあつかいでした。しかしそのひとつは挫折した。もうひとつはやっぱりいまも実験国家やね」。

（『季刊民族学』第一〇一号、四三頁）

著作集に掲載もされず、いまだ活字になってはいない、まぼろしの論文「ふたつの実験国家」。ぜひ探し出して読んでみたいと思うのは私だけではないだろう。そもそも、これを掲載した同人回覧雑誌『地平線』とは、いったいどのようなものだったのだろうか。

「今西塾」の研究発表会

梅棹忠夫著作集を活用するうえで便利なのは別巻にある索引である。第三巻『生態学研究』に掲載された論文「熱帯生態社会の特徴」の解説に『地平線』への言及があると知れる。

その解説には次のようなことが記されている。京都帝国大学にあった探検地理学会が今西錦司を隊長として学術調査隊を、一九四一年にミクロネシアへ、翌四二年に北部大興安嶺へ派遣したこと。

この二度の探検隊を通じて今西を中心とした一群の学生のグループが形成されたこと。彼らが、当時のオランダ領東インド諸島のボルネオ島に学術探検隊を派遣しようと研究会を開催したこと。そして、そのときの発表原稿を論文にまとめたものであること。

この学生グループについて「専門領域をこえてのつよいつながりをもっていた」とあるから、あの六人衆「ベンゼン核」を想起させる。ただし、彼らに加えて、より年長の、昆虫生態学の森下正明や、栽培植物学の中尾佐助らも参加していた。いわば「ベンゼン核と兄貴分たち」である。

このグループは当時「今西塾」と呼ばれていた。研究会では学生たちが交代で講師となって発表した。場所は京大クラブハウスの楽友会館であった。

この世に一冊かぎりの雑誌

著作集の編集にあたって梅棹みずから施した解説で、雑誌『地平線』については、以下のように記されている。

「当時は、戦争がもっとも激化した時期であり、学生の論文など印刷できる状況にはなかったので、「今西塾」の学生たちは、それにかわって、『地平線』と題する同人回覧雑誌をつくった。同人たちは規定の原稿用紙に論文を浄書し、それを編集担当者がとじて、表紙をつけて、同人のあいだを回覧した」。

つまり、各号一冊しかない雑誌なのである。梅棹アーカイブズに現物はひとつもない。『地平線』第三号の実物は富川盛道が保管していた。富川は、一九六一年、京都大学アフリカ類人猿学術探検隊に人類学班のメンバーとして参加し、タンザニアのエヤシ基地に長期間滞在して梅棹らの参加をむかえた。そして、ダトーガ族に関する論考を書き、日本におけるアフリカ研究の草分けとなる。

その富川から、著作集の編集に使えるようにと、梅棹論文「熱帯生態社会の特徴」が「まえがき」と「目次」とともに、いずれもコピーで梅棹宛に郵送されてきたのだった。だから、梅棹アーカイブズに残っているのは『地平線』第三号の部分的なコピーにすぎない。

目次によれば、以下の五編が寄稿されている。今西錦司の「社会発達史」、川喜田二郎の「農業における土地利用の種々相」、吉良竜夫の「南方諸島の生物分布帯」、梅棹忠夫の「熱帯生物社会の特徴」、中尾佐助の「南方圏の食用植物」。錚々たる豪華メンバーである。

添えられた富川の手紙には、雑誌本体は修繕して、編集者の吉良に送ろうと書かれている。もし、その思いが果たされたのなら、吉良竜夫の残した資料のなかに、この『地平線』第三号のオリジナルがあるのだろう。もしかすると、創刊号や第二号も一緒にあるかもしれない。そして、そのいずれかに、まぼろしの論文「ふたつの実験国家」は書かれているはずである。吉良竜夫アーカイブズの公開が待ち遠しい。

吉良竜夫の「まへがき」

四〇〇字詰めの原稿用紙に読みやすい字で浄書された吉良のまえがきを要約しておこう。

昭和一八年のはじめ、昭和通商という国策会社の斡旋によって京都探検地理学会からボルネオに総合学術探検隊を送ろうとしたこと。その準備に忙殺されたが、結局、果たせなかったこと。これに先立ち、西蔵（チベット）工作計画があり、軍諸機関・昭和通商とも交渉していたが、果たせなかったこと。これまで探検地理学会や国防科学研究所の名の下に行動してきたこと。しかし、諸機関との関係性は、自分たちの同志的結合にふさわしくないこと。

そして以下のように続く。

「もういちど自ら省みることが必要であった。われわれの同志的結合の基礎は、由来は何であるか。精神的血統の内容は何であるか。『今西塾』はこうして生れた。それこそは昨年度の最大の収穫ではなかったろうか」。

昨年度というのは昭和一八年を指している。そして、その続きは少し長いが、まぼろしの雑誌の、現在知られている唯一の写本（コピー）なので、そのまま以下に引用しておく。

「ここに『地平線第三号』としてをさめる夏期特別講習会は、一方ではボルネオ行の準備研究会であるとともに、他方われわれが今西塾の自覚のもとに行なった最初の事業でもあった。そして、そこに含まれた十四の題目のなかに、何よりもまづわれわれの根本的なゆき方といふものが汲みとられねばならぬ。わたくしはそこに、われわれの新しき原理への追求欲をみとめる。われわれは探検業の請負師でもなければ、辺疆の一角に立てこもって中央に楯つく偏狭な辺疆人種の養成塾でもない。われわれは原理の開拓者でなければならぬ。われわれの推進力は、われわれの発見した原理の上にもとづいている。行動者としてのわれわれの将来が、いかに光彩あるものに発展しようとも、われわれがみずからの原理を忘れるならば、もうおしまひである。今西塾がどこまでも『今西学派』でありたいといふのは、この原則を指しているにほかならぬ。

夏期特別講習会の不完全な記録をのこしておこうといふのも、今西塾の来るべき成員たちに、われわれの抱いていたこの原理発見への熱情をくみとってもらひたいがためである。そしてまた執筆者たちにとっても、かれらが熱帯の原理に挑戦する日、これがひとつの足場となることは疑ひを容れないのである」。

このように、吉良による「まへがき」には、軍と関係せざるをえなかったそれまでの体制を自省し、純粋な学問的探求を強く志向した姿がはっきりと描かれている。

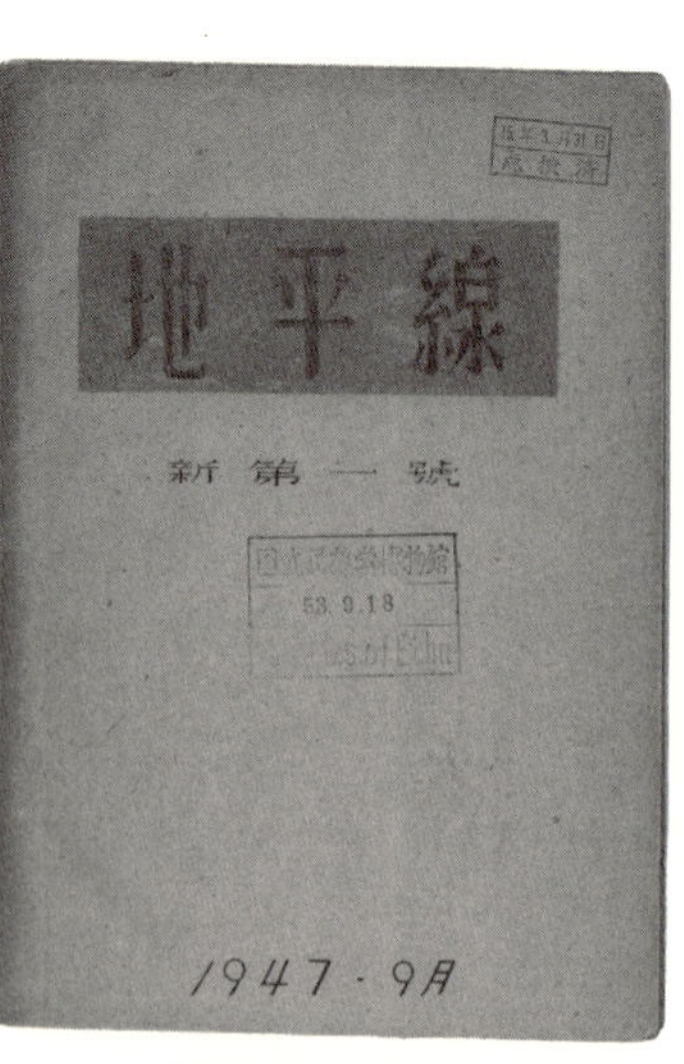

『地平線』新第1号

戦前、戦中の人類学者の研究対象と方法論について、坂野徹氏がその大著で、およそあらゆる学問が戦争と無関係ではなく、現地調査をともなう学問なら植民地経営とも無関係ではありえなかったことを指摘している（坂野徹『帝国日本と人類学者』勁草書房、二〇〇五年）。彼によれば、民族学が石田英一郎という雄弁家を得て、文化人類学という名称への差し替えによって戦争協力の汚名を風化させてゆくのに対して、自然人類学は沈黙を守っていたという。したがって、今回発見されたこの一文は、たった一部しかないという意味で究極の極小雑誌ではあるものの、きわめて稀有な誠実さの証であるように思われる。

『地平線』のリニューアル

一号一冊の貴重な雑誌は、前述のように、梅棹アーカイブズには残されていないが、戦後に復刊された『地平線』なら、みんぱくの図書館に所蔵されている。ただし、一冊だけ。表紙には、「新第一号」と題され、「１９４７・９月」とも記されているから、これが発行年月であると確認される。

戦後の新第一号はガリ版印刷になった。相変わらず、手書きの文字を読むことに変わりはないが、複数部つくられ、メンバーにくばられた。だからこそ図書として残ったのだ。

にもかかわらず、この新第一号の一冊しかないところをみると、続かなかったにちがいない。富川による「あとがき」によれば、雑誌の性格や発行母体をめぐって一悶着あったようだ。「あとがき」には、発行が遅れた理由として、第一に富川自身の怠慢をあげ、第二にインフレ下の資金不足に触れ、第三に大きな要因としてあげなければならないのが「行動やくわだての動きと平行の運命におかれたことであった」と述べ、発行母体をどこにするか議論があったことをにおわせている。

「あとがき」の前に「世界共同体研究会」の設立趣旨が掲げられており、それによれば、あくまでも本会は「理論生態学」にとどまり、実践向きには別に「農村生態研究会」を設置したとある。前者「世界共同体研究会」が『地平線』の発行母体であり、後者「農村生態研究会」によって奈良県平野村の調査を実施したのだろう。理論と実践をそれぞれ担当する二つの異なる組織が作られたことになる。このころ、似て非なる好敵手たちは、それぞれどちらにも関係しているが、そろそろ道は分かれ始めていたのかもしれない。

『地平線』は生態学をベースに世界を理論的に探求する雑誌であった。ただし、その巻頭言は以下のように、きわめて直裁的で素朴である。

地平線は一つの展望である
望遠鏡で見ても
地平線はその姿をかえない
われわれが近づけば
地平線は後退する
けれども　われわれは
地平線を追うてゆく探検家だ
ラクダや自動車ではもうまだるっこいというのなら
Ｂ29よりも迅い飛行機にのって追っかけよう

奥付に発行人は川喜田二郎と記されているから、この設立趣旨文や巻頭言はおそらく川喜田作ではないかと思われる。

４　進化し続けるアーカイブズ

著名な作家や研究者なら、没後に重版や再版がみられる。ときには遺稿により新刊もある。梅棹忠夫の場合はどうだろうか。時系列に沿って追ってみよう。

没後の出版事情

没後、まず『梅棹忠夫　語る』（日経プレミアシリーズ、二〇一〇年九月）が刊行され、その肉声が話題を呼んだ。たとえば、単なる思いつきに過ぎないという批判に対して、「くやしかったら思いついてみい」と一蹴するあたりは、たくさんの読者によってブログで取り上げられている。そもそもこの書籍は生前に編集が済んでいたが、出版が間にあわなかったものだという。

続いて、国立民族学博物館での展示「ウメサオタダオ展」に合わせていくつもの出版物が刊行された。解説書である『梅棹忠夫――知的先覚者の軌跡』は多くの関係者が梅棹忠夫の人となりを回想し、生前面識のなかった執筆者もその業績を分析したりしている。いわばコラボレーションによる総合的評伝だと言えよう。国立民族学博物館など六機関を束ねる人間文化研究機構は定期刊行物『ＨＵＭＡＮ』の創刊号で特集した。また、河出書房新社の「ムック」や、新潮社の『考える人』での特集も、やはりコラボ評伝であると言える。

また、『梅棹忠夫のことば』（河出書房新社、二〇一一年三月）は没後にみんぱくで開催された展示のキャプションなどのために、私が「著作集全二二巻」からおよそ一〇〇カ所を抜き書きして、時代背景などから彼の先駆性を解説したものである。あるブログでは、まったくこの本と同じ箇所が同じ意味で解説されているほど重用されている。

少し風変わりな本として『ウメサオタダオと出あう』(小学館、二〇一一年一二月)がある。これは展示場に残された観客の感想カードを取りまとめたものだ。あるブログで、まとめかたが陳腐だと酷評されていた。私の編集に問題があるとしても、賢明なる読者におかれては、まずご自身の目でぜひとも、老若男女による知的好奇心の高さを確かめていただきたい。驚くほど小さな子どもたちが学ぶとは何かを学び、驚くほど高齢な方たちがさらに学ぶ決意を新たにされている。一人の足跡を展示で見るだけのことが、これほど多様な人びとのハートに火をつけるとは……。展示の企画に携わった私たちも想像していなかった。

そうこうするうちに、生前におこなわれていたインタビューにもとづいて、藍野裕之氏による評伝『梅棹忠夫 未知への限りない情熱』(山と溪谷社、二〇一一年九月)が刊行された。拙稿も含めていくつかの新聞書評にあったように、梅棹に関する本邦初の本格的な評伝である。

それから約一年後、アンデスのジャガイモやトウガラシの研究で有名な山本紀夫氏が最後の弟子だと名乗りを上げて『梅棹忠夫――「知の探検家」の思想と生涯』(中公新書、二〇一二年一一月)を上梓した。評伝の簡易版として読書人のあいだで重宝されていることが多くのツイッターなどからわかる。

もし、インターネット上で確認される書評ブログ等によるコメントを集めたなら、それはそれは膨大な、市民による評伝集もできあがるにちがいない。

『知的生産の技術』の再燃現象

二〇一四年の秋から、ふたたび動きが見られるようになった。

まず、『知的生産の技術』（岩波新書）の増刷。一九六九年の発売以来、長く愛され、九三刷で一二八万七五〇〇部を記録していた。岩波新書の創刊は一九三八年で、二〇一四年九月に刊行書目がちょうど三〇〇〇点になることを機に、「絶対名著」として選択され、九四刷で改版された。文字を大きくするなど版面が読みやすく工夫されたという。

岩波の三〇〇〇点突破記念のしおりには「おもいきってカードを一万枚くらい発注するのである。一万枚のカードを目のまえにつみあげたら、もうあとへひくわけにはゆくまい。覚悟もきまるし、闘志もわくというものだ」の一節が引かれている。

岩波の当該記念リーフレット『きっと出合えるあなたの一冊』によれば、『知的生産の技術』は「岩波新書」史上、永六輔著『大往生』などに続いて歴代四位の一四三万部であるとあった。

さらに同リーフレットには、三〇〇〇点からのお勧めとして角幡唯介氏により『モゴール族探検記』が紹介されている。また、同リーフレットで読者が選ぶこの一冊として二冊も取り上げられている著者は、梅棹のほか、鶴見俊輔と高木仁三郎の両氏である。戦後の日本において、いかに国民の知的基盤形成に貢献した人たちであるかがうかがい知れよう。

二〇一四年九月にはまた、『知的生産の技術とセンス』（マイナビ新書）が刊行された。これは梅棹忠夫の著作物ではない。現代のＩＴ技術を用いた知的生産の技術の解説書である。しかしながら、「知的生産の技術」という用語はあくまでも梅棹忠夫の造語であったことから、わざわざ梅棹に敬意を表して、若い二人、堀正岳さんとまつもとあつしさんが梅棹本のアップ・トゥー・デイトを図った。

そもそも、今日、現代的なＩＴを取り入れつつ、知的生産を実践している人や、新たな手法を工夫したり、提案したりしている人たちはきわめて多い。ただし、そうした人たちが梅棹との関係を再帰的に考察し、それを書籍としてまとめたものはなかった。その意味で、『知的生産の技術』の二一世紀仕様の改訂版である。

かつて「知的生産」の語を付した書籍が簇出したように、今日、ふたたび新しい芽が吹いている。ＩＴ技術が進化し続けるかぎり、改訂版は新たな著者によって永遠に書きつづられていく可能性がある。言い換えれば、一九六九年の『知的生産の技術』は進化し続ける種本だ、ということになろう。

探検されるべき日本

同じく同年九月にはまた、『日本探検』が講談社学術文庫入りした。一九六〇年に中央公論社で刊行された単行本は、月刊誌『中央公論』で連載された最初の四回分のみであった。一方、著作集第七巻『日本研究』にはすべて入っているものの、一般には入手しがたい書籍である。文庫本になったことで、多くの新たな読者を獲得するのではないだろうか。多くの日本論がしばしば文化論であるのに対して、梅棹は文明論として日本を論じている。

とくに本書の冒頭の、「福山誠之館」の章には「なんにもしらないことはよいことだ。自分の足であるき、自分の目でみて、その経験から、自由にかんがえを発展させることができるからだ。知識はあるきながらえられる。あるきながら本をよみ、よみながらかんがえ、かんがえながらあるく。これは、いちばんよい勉強の方法だと、わたしはかんがえている」という有名な一節がある。

この梅棹流の提案は梅棹自身による自己肯定にほかならない。自分は知らないということをあっさりと宣言してしまい、だから調べるのだ、という姿勢を打ち出して、旅が始まり、随筆が展開していく。

なまじ名誉や地位のある人にとって、こうしたゼロからのスタート宣言はそれほど簡単なことではあるまい。梅棹の場合、日本の特異点ともいうべき京都についてはは身をもって知っているが、ひるがえって、ほとんどの日本についてはむしろ知らない。そうした論理を背景にして、無知の効用を高らかに宣言し、日本という近くて遠い世界の探検が始まるのである。

実際のところ、今や、日本は日本人にとって最大の異文化であるやもしれぬ。私はかろうじて、氷で冷やす冷蔵庫や、井戸や竈を使う日常生活を経験したことがある世代に属する。昔話にでてくる風景をなんとか経験から推測することができる。しかし、現代の若者にとっては、日本の昔話に出てくる日常の風景はもはや遠い国のことのように感じられるのではないだろうか。文明から論じられた少し前の日本は、若い日本人にとっては昔話であり、また異文化でもある。それゆえにまさに「探検」すべき対象になっているだろう。

「未完の書」への注目

遺稿さえないのに、否、遺稿がないからこそ、注目された書籍についてはさらに注意を喚起しておきたい。

河出書房新社による「世界の歴史」シリーズ全二五巻の最終を飾る巻として企画された『人類の未来』である。しかし、梅棹は「暗黒のかなたの光明」を描けず、ついに執筆できなかったとされている。本書企画の顚末については次節に譲り、まず、ここでは復元の試みの経緯について紹介しておこう。

もともと、みんぱくの展示場で、年譜コーナーの一九七〇年ごろを示す位置に、当該書の自筆の目次案をケースに入れておいたところ、梅棹に焦点をあてた番組をつくることになっていたNHKスタッフがこれに注目した。確かに、未来を憂えて筆が止まったというストーリーは、東日本大震災直後の日本社会にぴったりではあった。

同番組を牽引するのは博物学者である。また、幾人もの関係者が番組の製作スタッフの求めに応じてインタビューをおこなった。そのうち唯一人、展示を一秒も垣間見ることなく、みんぱくを背景に滔々と語った宗教学者が大きな役割をしめる番組に仕上がっていた。

同番組は当初予定になかった再放送が実施されるほど好評だったそうだ。インターネット上でも視聴者の深い理解が看取された。同番組では、宗教学者が自然災害との向き合い方を論じたのに対して、技術的に完成していない装置を利用してまで科学的進歩を信奉することへの疑義が梅棹の思想に沿った問題提起だった。自然災害のみならず原発という科学技術の引き起こす災害がいかに人類にとって破壊的であるかという問題の本質を東日本大震災以降知ることになった多くの日本人にとって、好奇心のおもむくままに発展するのは人間の避けがたい原罪である、といった四〇年前の梅棹の問題提起は、実に得心のいくメッセージだったのである。

放映直後、そして展示期間終了直前、東京お台場にある日本科学未来館で総合プロデューサーを務める内田まほろさんが来館され、展示場で即刻、「ウメサオタダオ展」の同館での展示が決まった。一種の巡回展の企画である。

そのことを受けて、残された資料からくだんの書の再構成も試みることとなった（『梅棹忠夫の「人類の未来」――暗黒のかなたの光明』勉誠出版、二〇一二年一月）。

目次のほかに、小見出しをつらねた「こざね」と、関連諸分野の友人、知人たちとおこなった対談のテープ起こし原稿、約八〇〇枚が残されていた。こうした諸資料が梅棹アーカイブズとして残されていればこそ可能な再構成であった。

ところで、こうした没後の出版物はアーカイブズに入らないのだろうか。共同利用に供するために公開されているのだから、いかに使われているかを明示しなければなるまい。利用された証として関係著作物は積極的に収集されておくべきであろう。アーカイブズというものは利用され、利用によって更新されることで生命を得るものだと私は思う。

5 幻のベストセラー「人類の未来」

最後にして最大の債務

書かれてもいないのに、ベストセラーとはこれいかに。「幻のベストセラー」とは、未刊の書「人類の未来」の件で梅棹に伴走した編集者、小池信雄氏による表現である。

実は、小池氏は私にとってもキーパーソンである。梅棹忠夫著作集の第二巻『モンゴル研究』(一九九〇年)が刊行されたあと、私は自分自身のフィールドワークをまとめる作業に取り掛かった。自分自身でまとめないかぎり、誰もしてはくれないだろうと思った。このとき、紹介された編集者が小池氏だった。

今から思えば、それはある種の見えざる糸の仕掛けではなかったろうか。梅棹という人は「幾本もの糸を、未来にむかってなげ」ておく人である(著作集第一四巻『情報と文明』六四三頁)。未来に向かって私に投げられていた糸があったように思われる。というのも、梅棹は多くの出版社と関係があるから、紹介できる出版社や編集者はいくらでもいたはずだ。そのなかで、なぜ小池氏だったのか。

梅棹は出版社との約束不履行を「筆債」と称していた。そして、視力喪失後、それら筆債を次々と処理していった。ただし、「人類の未来」だけは未処理案件として残っていた。そのことを梅棹が忘れるはずはない。

梅棹にとって最後の債務を残している河出が私に紹介されたのである。最大の債権をもつ編集者である小池氏が紹介された。いつの日か、債権処理がなされるであろうという想定ないし期待があったのではないだろうか。

はたして、二〇〇三年四月、小池氏の自宅から「人類の未来」執筆のためにおこなわれた対談・鼎談形式のブレーンストーミングの速記録が発見されたと、同社の三村泰一氏を通じて連絡があった。三村さんとはちょうど『キーワードで読みとく世界の紛争』（河出書房新社、二〇〇三年）という意義深い本をとても丁寧に一緒に作ったばかりのころだった。

これまでの「人類の未来」に関する「一件ファイル」には、自筆の「こざね」と「目次案」が残されていたが、そこに、小池氏からの資料提供によって、一九七〇年の速記録およそ八〇〇枚（二〇〇字詰め）のコピーと録音テープが加わった。

さあて、この未完の大作をどうしたものか。対談者ないし鼎談者は吉良竜夫、小松左京、米山俊直、樋口敬二、藤岡喜愛の五名。梅棹を含めて六名。この時点で、精神人類学者の藤岡氏を除いて皆さんご存命だった。したがって、発言者に内容を確認したり、当時の様子を語っていただいたり、註をつけたり、現在的視点で再構成することも不可能ではなかった。そんな案も出るには出た。しかし、結局、何もしなかった。対談や鼎談はかなり拡散していて、まとめるには相当の決断力を要すると思われた。要するに、機はいまだ熟していなかったのである。

「梅棹忠夫氏に関する報告書」

小池氏はこれまで、この未完のベストセラーについてすでに三つの文章を寄せている。本書で何度も言及した展示解説書には「『暗黒のかなたの光明』を求め苦闘した時代」と題して、企画時からの様子を伝えた。また、『梅棹忠夫――地球時代の知の巨人』(河出書房新社、二〇一一年)には「幻のベストセラー『人類の未来』」と題して、目次を完成させたころの様子を伝えている。さらに、『考える人』(新潮社)の梅棹特集号(二〇一一年八月号)には「たった一人だけの読者」と題して、広く交流の様子を伝えている。

加えて、「梅棹忠夫氏に関する報告書」として一九七一年夏ごろに書かれたと思われる一種の業務報告書がある。そのコピーが二〇〇九年八月、小池氏本人から梅棹資料室に届けられ、梅棹アーカイブズの一件ファイルに加えられた。あの遅筆ぶりを伝える資料である(本書第3章第3節)。B4用紙に縦書きで「依頼の事情」から「見通し」まで時系列に沿ってみっちり書かれている。抜き書きしてご紹介しよう。

河出の「世界の歴史」シリーズは、京大人文研の桑原武夫の監修のもと、第一巻は当初、今西錦司と梅棹忠夫の共著として企画されていた。同報告書で小池氏は以下のように記している。

「（昭和四一年）七月某日、京都瓢亭にて、今西、梅棹へ依頼がなされた。その折、今西氏は、終始不機嫌そうにし、『むずかしい』と言ったきり、あまり話さず、梅棹氏は、たいそう愉快に企画にのり、いろいろ構想を話していた。その席での編集部の判断は、二人は師弟の関係ではあっても、ともにライバルであり、共著は考えられないこと、さらに、どちらかをおとすとするなら、のってはいるものの弟子の梅棹氏を著者にするわけにはいかないこと、したがって、個別にあたり、第一候補を今西、第二候補を梅棹とすること、であった。」

昭和二〇年までの内モンゴル調査において提示された、遊牧の起源をめぐるアイデアに関して「かきたいことは山ほどあるが、いまはいっさいいわないでおく」と梅棹が書いたのは昭和四九年であるから、昭和四一年ごろ、先取争いは当然、まだ落着していなかった。大学院生の分際で教授に立候補したことも影響を与えていたかもしれない。心情はともかく、事実として、共著案は今西によって拒否された。しかし、編集部は梅棹へのアプローチを続けた。

「人類学のホープをこのまま見送ってしまうのは、いかにも残念である、なんとかこの全集に引っぱりこもうと考えた。……ひょんなことから、歴史全集に『未来』をつけくわえることを思いついたところ、梅棹氏はこれを愉快がり、急きょ、プランに第二五巻『人類の未来』をつけ加え、梅棹氏に依頼。ただ、氏は『おもしろいですな』というだけで確答はしなかった」。

京都人の「おもしろおすな」は概して「興味ありません」の意だと言っておいてまちがいではない。あるいは「どうぞご勝手に」にさえ相当するだろう。したがって、梅棹は当初、否定的な反応をしていたようにも思われる。しかし、編集部はそうは受け止めなかったのか、あるいはわかってはいたのか、いずれにせよ、強引に口説いた。全集の目玉として。同報告書は続く。

「桑原氏は、それは『おもしろいが、じっさいに彼が書くかどうかはギモン』と言っていた。つまり、当時から、梅棹氏が『書かない』人物であり、『〆切をぜったいに守らない、出版社泣かせ』は有名であった。それでも、梅棹の『未来』がもしできれば、ベストセラーまちがいなしというので、……『ハワイへかんづめにする』という条件で、ようやく了承を得た。『ハワイへかんづめ』の話は、当時、他社へもきこえて有名なこととなった」。

折から、未来学ブームが生まれ、諸学の成果にもとづいて一万年後の人類の未来を描くという構想が練られた。一九六八年五月に河出が倒産した際、梅棹は辞退を申し出た。しかし、一人で抜けるわけにもいかず、あらためて続投が確認された。歴史担当者の数が減り、他の巻の編集が忙しいため、「未来」巻の促進が再開されたのは一九六九年一一月になってからだった。同報告書はさらに続く。

「梅棹氏は、万国博等のことで忙しい。ようやくカンヅメにできたのが、四十五年一月十日であった。ここから、たてつづけに促進がかかるはずだったが、カンヅメあけに、氏は、かなりむずかしい表情をうかべていた。未来論は、坂本二郎、ハーマン・カーンらによって、バラ色の未来をかきたて、ジャーナリズムは、万博と未来論でわきたち、『人類の未来』という本も、さほどめずらしいものではなくなっていた。しかし、氏の構想する未来論は『人類滅亡の未来論』で、人類は環境問題等の破産によって、滅亡するだろうというものだった」。

原稿を早く仕上げる必要上、友人たちから知的刺激を得る会合が一月から三月にかけて集中的に実施され、速記録が作成された。これらを用いて一気に書き上げるためのホテルカンヅメ作戦は、一カ月の予定で、一九七〇年七月二日に開始された。しかし、一週間も経たないうちに梅棹はホテルを脱出。そのあたりの事情は以下の如し。

「この前後、『人類滅亡論』がジャーナリズムをにぎわし、イレブンPMなる番組ですら、環境破壊と地球の終りの特集をくむ。……『人類の未来』は、『滅亡』のラインで構成されていたため、梅棹氏は自分の本もその内容を書くつもりでいたため、著しくやる気を失う」。

同時期に書かれたこの報告書によれば、暗黒の未来そのものに対する絶望ではなく、その陳腐さが筆を鈍らせていたようである。しかし、翌年には意欲を見せた。

「昭和四十六年一月。正月あけより、京都藤田ホテルにカンヅメ。夏よりいろいろ話し合ってきたことが、あるイメージをつくっていたのか、カードが十分にたまってきたのか、かけるという自信をもっている。新しいカードが次々に生産され、部屋いっぱいカードだらけになりながら、新しいアイディアも生まれる。月末にカードをまとめ、全体の構想がなりたち、一息に原稿にむかえばよい地点へようやく来る。内容は環境破壊→人類の滅亡から一歩ぬけて、『生き方』『思想書』へかたむく」。

小池レポートがここでいうカードが「こざね」を指すことは言うまでもない。現在梅棹アーカイブズに残っている「こざね」の多くはこのとき書かれたのだろう。ところが、九州芸術工科大学の集中講義等のため、カンヅメは中止になる。そして悲惨な報告が続く。

「二月十六日より東京にてカンヅメ予定。中止。四月十二日より一週間予定。中止。五月末より二週間予定。中止。現在にいたる」。

一九七一年といえば、大阪万博が終わり、梅棹はいよいよみんぱくの創設に向けて尽力しているころである。数週間まとまった執筆時間を捻出するのはほとんど不可能だっただろう。

京大人文研でしばらく同僚だった鶴見俊輔が「新しい道を照らす人」という、短くて濃密なエッセイのなかで、梅棹の肉声を伝えている（『梅棹忠夫――知的先覚者の軌跡』）。みんぱくができてからひさしぶりに会ったとき、梅棹は「こういうものをつくって得るところも大きかったが、失ったものも多い、と言っていた」という。何よりも貴重な、研究のための時間あるいは執筆のための時間を、明らかに梅棹は失っていた。

編集者小池氏によるレポートが書かれてからおよそ四〇年後、見えざる糸のしかけによって、いつのまにかバトンを受け取ってしまっていた私は、ようやく自覚し、いよいよ腹を決め、「幻のベストセラー」の出直しに取りかかったのである。もはや誰かに対する債務というわけでもなく、それは一種の弔い合戦のようなものだった。

新たな船出、梅棹忠夫の残した「人類の未来」の刊行

日本科学未来館における新たなウメサオタダオ展と、それに関連する出版作業に取りかかった私はこの業務報告書を一読し、ぜひとも肉声で聞いておきたいと願い、小池氏にインタビューを申し出た。解説を依頼した佐倉統教授にも同席を提案し、彼の手はずにより東京大学構内でインタビューをおこなった。ときは二〇一一年九月。対談者のうち、樋口敬二氏を除いたすべての先生方がすでに鬼籍に入られていた。機というのは、あっというまに逃げてしまうもののようだ。

小池氏とのインタビューは、拙稿「梅棹忠夫の残した『人類の未来』」にまとめた（『梅棹忠夫の「人類の未来」』勉誠出版、二〇一二年）。彼によれば、梅棹側の多忙ばかりでなく、出版社側もかなり紆余曲折を経ていた。会社が不渡りを出した理由は別にあったにもかかわらず、執筆者をホテルに缶詰にすることについて管財人から、「おまえら、そんなことやってるから倒産するんだ」とまで言われて、長年併走してきた当初の編集者が一九七〇年に辞職している。

そんなこんなの事情を経て、最終段階で執筆内容について梅棹と直接議論していたのが小池氏である。彼の話を聞きながら、一緒に「こざね」を見ていると、梅棹が伝えたかったメッセージがさらに明確になるように思われた。以下「　」はこざねの文言である。

『人類の未来』の副題はなんと「プレイボーイのすすめ」だった。プレイボーイとは人類として知的に遊ぶ生き物ということ。「理性→科学」ではなく、単なる好奇心にもとづく「英知」を追求する

こと。(知的)「エネルギーのつぶし方」(=消費)をしておき、合目的的に励まないこと、それが「暗黒の彼方の光明?」になるのではないか、と提案したかったようなのだ。

ところが、こんなアジテーションも文章としてはまったく実らなかった。高度成長期の日本ではかなり早すぎたようである。

当時、「生きがい論」と題する講演会で、「生きがい」自体が虚しいと語ったところ、まったく不評を買った。目的に合うよう努めることが人類の未来を危うくすると指摘してもなかなか通じなかった。受け入れられないとわかって、梅棹はたいそうがっかりしたらしい。

これまで破竹の勢いで『モゴール族探検記』『文明の生態史観』『知的生産の技術』などベストセラーを出し続けてきた梅棹は、読者を勇気づける一方で、読者によって勇気づけられてもきたにちがいない。友人、知人はもとより、見ず知らずの多くの人びとからの手紙が梅棹アーカイブズにたくさん残されている。いちいち返信までしていたことも、カーボン紙を使ったタイプライターによる写しの保存で確認することができる。読者とのそうしたやりとりが、彼の力の源泉だったにちがいない。それなのに、講演会で聴衆の同意を得られなかったこと、読者の反応が期待できそうにもないことが、梅棹のモチベーションをかなり下げたのだった。

確かに、二〇一六年現在でも、「生きがい」という発想そのものがまちがっている、というラジカルな視点は、そう簡単には受け入れられそうもない。

第5章　山をたのしむ

1　生涯の兄貴分――吉良竜夫

「幻のベストセラー」の編集者である小池信雄氏から私が預かったものとして、実はもう一つの資料群がある。「ウメサオタダオ展」の準備に明け暮れていたころ、二〇一〇年一二月三〇日付の手紙にはこうある。

内モンゴル調査時代のハガキと手紙のコピー

「昔、今西錦司評伝を執筆してもらっておりました、高沢皓司君から、今西先生の書簡のコピーをもらったことをふと思い出しました。その中に、梅棹先生の吉良先生宛書簡が入っていたので、それをお送りいたします」。

これまで本田靖春氏による『評伝　今西錦司』や斎藤清明氏による『今西錦司伝』などが上梓さ

吉良の似顔絵

（出典）国立民族学博物館提供

れたものの、高沢皓司氏による評伝は寡聞にして存じあげない。残念ながら日の目を見なかったようだ。

吉良先生とは、日本における生態学の草分けの一人であり、とくにアジアにおける植生と気候の関係を示す「温量指数」の考案者として知られている吉良竜夫のことである。小池氏からの手紙には、内モンゴル調査時代に梅棹が吉良に宛てて出したハガキと手紙のコピーが同封されていた。「同封したものは、おそらく、高沢君が吉良先生に取材した折に、コピーをいただいたのではないかと思います」とのことだった。

小池氏は、もし、書簡類も展示するのならオリジナルがあったほうがよいから、「吉良先生のお持ちの分は、早めにいただいておいた方が良いかもしれません」と手紙のなかで助言してくださっている。吉良はその時点で、あの「ベンゼン核」六人衆の唯一の生き残りであった。

ちなみに、岩波書店の『科学』七三巻一二号（二〇〇三年）には、「今西錦司と私」と題する座談会に、梅棹忠夫、川喜田二郎、吉良竜夫、藤田和夫の各氏が揃い踏みした。四名の年齢の合計は三〇〇歳を優に超え、意気なお盛んであったと伝え聞く。しかし、その後、藤田、川喜田が亡くなり、梅棹が逝くのを今や吉良だけが見送った。梅棹よりも一つ年上だから、確かに急いだほうがよいように思われた。

展示するか否かにかかわらず、梅棹自筆のオリジナル書簡が入手できるなら、梅棹アーカイブズに収めたほうがよいだろう。しかし、「吉良先生はかなり体調を崩していらっしゃる」と漏れ聞こえ、いったん、あきらめた。そして、気がかりながらも着手できないうちに、ウメサオ展が終わって日本科学未来館への巡回展示の準備に追われていたとき、訃報に接した。享年九一。梅棹が「生涯の兄貴分」と敬愛してやまなかった同志はほぼ一年後に逝ってしまった。

「私、ウメサオしてました」

韓国ソウルの仁川空港で吉良先生をお見かけしたことがある。民主化後、モンゴル国のフブスグル湖周辺へ森林調査に何度か出向いておられた。また、生前、吉良氏に一度、インタビューをしたこともある。『科学』七四巻三号（二〇〇四年）の「植林の現在」を企画し、植林の神様として仰がれている宮脇昭氏の考え方を相対化すべく、必ずしも植林を目標としない森林の専門家として吉良氏のご意見を拝聴した。終始、穏やかでにこやかな笑顔のもと、ごく自然に、生い立ちもお聞きすることができ、また梅棹忠夫との交友関係についてもお話をうかがうことができた。ただし、梅棹をめぐる回想は同企画の趣旨とは関係がなかったため、掲載された「生態学から見た森林」では割愛された。印象的だったのが、「私、ウメサオしてました」という表現である。

吉良と梅棹はともに一九四九年から大阪市立大学に勤務した。よく知られているように、梅棹は大阪市立大学での授業を苦手としていた。鶴見俊輔は「自分がおもしろいと思っていることに学生は乗ってくれないからだろう。明日は講義だと思うと、胃が硬くなる。胃潰瘍になるかもしれないと言っていた」（前掲「新しい道を照らす人」）と回想している。

大阪市立大学時代、梅棹は一九五七年から五八年にかけて東南アジア学術調査隊を成功させ、一九六〇年、今のミャンマーにあるカカボ・ラジ山の登山計画に失敗し、翌六一年、第二次東南アジア学術調査隊に出かけた。海外出張でしばしば不在となる梅棹に代わって授業をしたり、会議に出て弁明したりしていた、という。

『行為と妄想』には、「給料日にも出勤していないことがおおかったので、わたしの家の近所からかよっている同僚にとどけてもらうのがつねだった」とあり、一方で「大学への出勤日がすくないので、大阪市大の同僚たちとはつきあいがあまりなかった」ともあるから、貴重な同僚である吉良は広範囲に梅棹を支援していたことだろう。

こうした私的な支援について梅棹は匿名でしか言及していないが、調査隊の組織化など公的な協力関係については、「吉良君とわたしとの関係は、軍隊でいえば、参謀総長と野戦軍司令官のようなものだ」（著作集第六巻『アジアをみる目』五九頁）と述べて、詳細に紹介している。

吉良は大学における組織委員長を引き受け、留守本部を預かり、梅棹たちを後方から支援した。たとえば、送られてきた撮影ずみのフィルムを速やかに整理し、写真の撮り方について現地へ助言したり、帰国後の研究資金を獲得したり。とりわけ、報告書の作成は吉良の尽力によるところが大きい。

大阪市立大学の東南アジア学術調査隊はその後も続き、一九七六年までに英文で七巻の調査報告Nature and Life in Southeast Asia が出ている。最初の二巻は吉良と梅棹の共編、三〜六巻は吉良と岩田慶治の共編、七巻は吉良と吉井良三の共編というように、つねに吉良が主編を務めた。梅棹は正直に、「名目的には吉良とわたしのふたりの連名ということになったが、じっさいは吉良ひとりの功績といってよい」と記している。「編集方針の大綱の決定から、それぞれの論文の校正にいたるまで、すべてはかれの綿密な指示によってすすめられた」とも書いている（上掲著作集第六巻、四二二四頁）。

そもそも、大阪市立大学の第一次東南アジア学術調査隊は、梅棹が隊長を務める初めてのエクスペディションであった。この「初めての隊長」を務める梅棹を吉良は、留守本部長として、また学術出版部長として、支えたのである。

こうした両者の関係はずっと以前にまでさかのぼるものであり、それを示す証拠が、冒頭で紹介した梅棹書簡である。

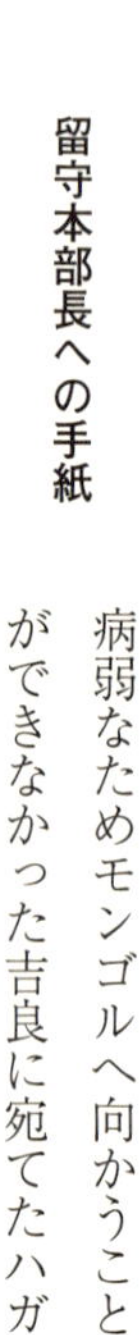

吉良竜夫へのハガキ

留守本部長への手紙

病弱なためモンゴルへ向かうことができなかった吉良に宛てたハガキが一枚。五月三日（一九四四年）付。張家口市、隆昌巷、善隣協会気付とある。夏の調査がうまくいくように、梅棹に続いて若手研究者を二期生として派遣してほしいと依頼する内容である。富川、川村、市原、和崎などの名前が挙がっているが、結局、後日到着するのは和崎だけだった。

このあたりの事情は、手紙で詳しく述べられている。学業を優先して一カ月くらいしか余裕がないなら、出てくる意味はあまりないから、よく考えて、詳しい状況を知らせるよう、梅棹は吉良に求めている。

「とび出すにはとび出したが、後は野となれ、山となれ、ではこまったものである。事情の客観的判断を乞う。とにかく、その点がはっきりするまで、三人の手続きを保留しておくことにした。もちろん、できることならば、たとえ時期が少々おくれようとも、三人ともくることを希望しているのである。その点誤解なき様に。それに要する費用も確保してある」。

続いて費用の捻出に苦労している様子が告げられるも、「だが、金がないからとて初志を撤回するようなわれわれであろうか！　とにかく、やるだけのことはやるのである」と宣う。総計一二枚の長い手紙のうち、四枚までがこうした事務連絡であり、以降は私信である。

「以下、私信に移る。はじめての手紙であろうか。よくも筆不精をしたことである。すまないと思いながらも、つい筆をとらなかった。二期生渡航のことが、なかなかはかばかしくゆかないのも、一つには、僕と君との連絡が密接にとれてないためだ、と今西さんからも手ひどく指摘をうけたのであるが……。まことにすまないと思う。君の方からはまた、フラウばかりに手紙を書かないで、こちらにもよこせ、と苦情をうけた。まことに尤もである。そのフラウの方も、ちかごろしばらく御ぶさたしている」。

とまあこんな調子で何となく暗く、低調だ。草原へ一カ月出向き、乗馬とモンゴル語の訓練をしたあとだから、絶好調かと思いきや、かなり陰鬱としていたようだ。

「蒙地とは、ただ木がないばかりだ、ということを発見したとき、草原のロマンティシズムは消滅したのである。……自然に対するロマンティシズムとともに人間に対するロマンティシズムも消失した。漢民族に対する先入主的な嫌悪感と、蒙古人に対する親近感が、これが一般日系の通例とするところであり、私自身もそうであった。だが……われわれはまず蒙古に対してもっていたロマンティシズムを根底からすててかからねばならないのである」。

ロマンティシズムを排して冷静に分析しようという心意気は感じられよう。続いて、現地にいる日本人の低劣さを指摘し、日本の前途を懸念している。さんざん愚痴を述べたあと、梅棹夫人の渡航手配を依頼し、友人知人の近況を確認し、「末筆ながら、君のちかごろの健康状態はどんなであろうか。何やかやと、雑務がみんな君におしよせてしまったので、また無理を重ねていはしまいかと、心ひそかに案じている次第である」と終わる。

一九四四年七月二〇日のこの手紙の次は、翌四五年一月八日の日付である。「新年おめでとう」と明るく始まり、調査行について延々と説明が続き、西スニトで張家口からの補給隊が来て、吉良からの手紙をもらったことが記されている。吉良が随分元気になったと聞いて喜び、一九四一年の「ポナペ島」の調査報告書が届いて一同悦び、編集の苦労をしのんで感謝している。

吉良が留守本部長であると同時に学術出版部長であることはこのころから変わらない。報告書の感想として、吉良の担当箇所について「これが一介の大学生の書いたものかと思うと、まことに驚嘆すべきものがある」と賛辞を添えている。そして「まけるものか」とまけん気を出して、学術的な話題が長々とつづられる。遊牧起源論をめぐるアイデアも以下のように記されている。

「野生時代からの動物の『むれ』そのもののもっている放浪性に、人間の方から順応したところの前時代的な遺物であるということ」。

こうした梅棹の手紙に対して、吉良の出した書簡類も整理されれば、さらに両者の学術交流が明らかになるだろう。

今のところ私が確認できた吉良からのハガキは、昭和一四年三月二一日付、同級生の鈴木信さんとの連名によるもの。筆跡は吉良。梅棹が三高の二年を二回落第し、「二年の松」「二年の竹」「二年の梅」と三回繰り返した年の年度末のハガキである。

「順調に行ったそうで僕達も安心しました。……でもまだまだ確定したわけではないのですから、あまり気をゆるめない様に運動された方がいいと思います。」

なんとも慈愛に満ちた一枚だ。

2　ヒマラヤへの執念

ヒマラヤ遠征計画

一九三一年五月二四日、京都、楽友会館で京都大学学士山岳会ＡＡＣＫ（アカデーミッシャー・アルペン・クルップ・ツー・キオト）の創立発会式がおこなわれた。ＡＡＣＫの設立経緯については斎藤清明『今西錦司伝』に詳しい。「今西の強い意志がはたらいて」「ヒマラヤ遠征をになう実行団体として設立された」とある。

登山の目標はカブルー（七三三八メートル）で、遠征資金の獲得もめどがたち、登山訓練も開始されたこと、にもかかわらず、同年九月に満洲事変が勃発し、スポンサーが降りてしまったことなどが知れる。今西らによる最初のヒマラヤ計画、カブルー初登頂は挫折した。

このとき梅棹はまだ一一歳、小学生だった。今西の挫折感を梅棹少年は知る由もないが、ヒマラヤへの執念は世代を超えて伝染していく。ヒマラヤに代えてＡＡＣＫは冬の白頭山（長白山）をねらった。一九三五年、京大旅行部と合同で、登山ばかりでなく学術調査も実施された。この成功フィルムを見て感激し、山を志した中学生たちの一人が梅棹であった。

続いてＡＡＣＫはヒマラヤＫ２（八六一一メートル）をめざす。Ｋ２は言うまでもなく、エベレストに次ぐ世界第二の高峰である。一九三七年一月一九日付『大阪毎日新聞』に「愈よ入国許可を申請」と書かれるまでこぎつけたにもかかわらず、またもや時代にはばまれた。同年七月に盧溝橋事件が勃発し、やがて日中戦争が始まる。Ｋ２初登頂も挫折した。

ＡＡＣＫがヒマラヤをふたたびめざすのは戦後の一九五一年だ。詳細は前述の書に詳しいが、要するにＡＡＣＫのヒマラヤへの夢はまだ実らない。ＡＡＣＫの平井一正によれば、同五一年、京都大学に生物誌研究会（ＦＦ）が創設され、「ＦＦから申請したマナスル登山が、現地入りしたＡＡＣＫ西堀栄三郎の努力によってネパール政府から許可された。しかし、計画の推進役である今西錦司は、その規模から考えてその許可を日本山岳会に移譲した」という（「山と旅、知的人生の原点」『梅棹忠夫――知的先覚者の軌跡』所収）。つねに現実的な選択をしたと定評のある今西の決断をここに確認することができる。

今西隊長以下六名はマナスルの偵察隊にのみ参加し、一九五三年、マナスル第一次踏査隊にはＡＡＣＫから加藤泰安、中尾佐助、川喜田二郎の三名が参加した。そして、中尾の現地からの手紙を受けて、ＡＡＣＫとしては急遽アンナプルナ計画が決定された。しかし、「Ⅳ峰の頂上を目前にして冬の到来に阻まれる」（斎藤前掲書、二六二頁）。アンナプルナもまた挫折したのだった。

マナスル登頂そのものは結局、一九五四年の第二次隊で住民の反対により阻止されたのち、一九五六年、第三次隊でようやく成功した。初登頂者はＡＡＣＫから参加した今西寿雄だったものの、

ＡＡＣＫによるヒマラヤ制覇とは言いにくい。

ＡＡＣＫによるヒマラヤ遠征の夢は、一九五五年、京都大学カラコラム・ヒンズークシ学術探検隊（ＫＵＳＥ）という形に姿を変えて実現された（第7章第2節）。純粋な登山ではなくなっていた。今西はまたもや、夢の実現のためには変節も辞さなかった。そのため、ＡＡＣＫ設立当時からのメンバーで、正統派の四手井綱彦（物理学者）と対立したという。四手井と今西の反目が「南北朝対立」と呼ばれていた所以である。

西蔵(チベット)工作計画案　今西錦司の、時代を読み、時代に合わせて、夢を実現しようとする判断を示す、貴重な記録が梅棹アーカイブズにも残されている。

黄色い布表紙を開けると、右から、「極秘、四部中第二号、昭和十八年二月、西蔵工作計画案、立案者代表、今西錦司」とある。極秘の二文字は四角で囲まれている。四部作られたうちの二つめということであろう。一つめは軍部に提出されたのかもしれない。一九四三年といえば、いまだ張家口に西北研究所ができる前である。今西とその仲間たちは、戦中には、戦中なりの、夢の追いかたをしていた。

本文は九六頁からなり、文献目録や地図が末尾に用意されている。総目次には次のようにある。

一、西蔵ノ特殊性

二、工作ノ方針
三、工作ノ具体案
附録
一、我等ノ同志
二、参考資料

そして、各章ごとにまた目次があり、たとえば、西蔵ノ特殊性の目次は以下の通りである。

一、位置
二、地理的特殊性
三、政治状勢
四、民族的文化的特殊性
五、将来ニ於ケル重要性
六、大東亜戦争ノ影響
七、結論―西皇化ノ必要

イギリスの勢力が弱まり、ソ連が南下するなか、西北からの接近は困難だが、ビルマを占領したから、現ミャンマーからチベットに入ることができる、という状況判断とともに、チベット人を解放するという観点から文化工作を提唱している。

工作の根本方針として「工作ハ思想戦ヲ以テ根幹トナス」とある。軍事行動ではないと同時に、変装潜入でもなく、日本人として堂々と入ることを主張している。そして、具体的なルートや期間、装備、食料など活動計画が記されている。まさしくチベット遠征計画ではあった。

同志名簿として今西錦司以下二八人の名が連ねられている。ベンゼン核の六人衆に加え、森下正明や可児藤吉、中尾佐助はもちろん、末尾の若者たちのなかには第三高等学校の学生として川村俊蔵（のちに霊長類学者）の名がみえる。現地調査に備えて勉強していることや、隊の編成まで記載されており、詳細な検討がなされていたことが了解される。

しかし、これもまた実現されることはなかった。のちに梅棹は『実戦・世界言語紀行』（著作集第二〇巻『世界体験』所収）で、チベット語学習を中心に、当時の研究状況について述べている。

本資料に「極秘」の文字があることからもわかるように、あるいは「軍事行動ではない」と力説されていることがかえってはっきりさせてしまうように、軍事とは無縁でありえなかった当時の学問状況を示している。日本におけるフィールドサイエンスの歴史的一コマを示す、貴重な学術的資料であると言えよう。

カカボ・ラジ計画

ＡＡＣＫの純粋な登山しかも初登頂をねらうヒマラヤへの挑戦は、一九五八年にチョゴリザ（七六五四メートル）、六〇年にノシャック（七四九二メートル）、六二年にサルトロ・カンリ（七七四二メートル）と続けざまに実現していった。

ヒマラヤへの夢はこのように実ってゆくのだが、どの登山にも梅棹は登場しない。実は、一九五二年に肺結核と診断され、医者から二年間の療養を言い渡されたのだった。そのため、マナスルのメンバーに加えられず、ようやく一九五五年の京都大学カラコラム・ヒンズークシ学術探検隊に参加するものの、それでも登山隊に加えられることはなかった。

Ｋ２を望むカラコラム隊ではなく、ヒンズークシ隊員として派され、モンゴル語を話す人びとを求める調査に従事した。しかし、今西らＡＡＣＫがカブルー、Ｋ２、マナスル、アンナプルナと何度も挫折しながら、ヒマラヤへの夢を捨てなかったように、梅棹個人としてもかなりの執念をもってヒマラヤを追い続ける。

まずはカカボ・ラジ計画。

梅棹は大阪市立大学教授として一九五七～五八年、東南アジア学術調査隊を率いた。梅棹にとってそれは初めての隊長であった。しかし、残念ながら、これはタイ、カンボジア、南ベトナム、ラオスをまわるもので、ヒマラヤ山麓を含んではいなかった。高い山もなかった。つまり、今西のように登山と学術の両方の隊長を務める探検はまだ実施していなかった。

カカボ・ラジ山（五八八一メートル）は、ミャンマーの北部カチン高原にあり、東南アジアでは最高峰である。ミャンマー、中国、インドの三国国境地域にあり、ヒマラヤ山脈の東端に位置する。すなわち、かろうじてヒマラヤの一部ではある。梅棹はこの山をターゲットに初登頂と学術の同時制覇を計画した。

著作集に所収された「カカボ・ラジ登山探検計画」には、「低地部の研究調査は、主として大阪市大側隊員が担当する。高地部の研究調査は、主として京大側隊員が担当する」とある。そして、京大側隊員は、「アフガニスタン最高峰ノシャック（七四九〇メートル）の登頂者をはじめとして、いずれも本格的な経験を積んだ第一級の登山家であり、高山岳地域での調査研究には、もっとも適任である」としている。しかし、この記述では辻褄が合わない。

ノシャックは一九六〇年に登頂されたのだから、その登頂者を加えた計画を立てたのはそれ以降ということになってしまう。カカボ・ラジとノシャックの関係について、当時、京大人文研の助手を務めていた谷泰（文化人類学）の回想によれば（「ノシャック計画成立裏話――近江作の段」ＡＡＣＫニューズレター五五号、二〇一〇年）、サルトロ登山に対するパキスタンからの許可の見通しがないため、若手グループは代案としてノシャックを計画した。しかし、梅棹の推すカカボ・ラジ計画をあっさり今西らシニア理事が選択した。しかも、理事会では決めずに、祇園のお茶屋で一方的に決めたという。

ネパール写真

（出典）国立民族学博物館提供（撮影・梅棹忠夫）

ところが、カカボ・ラジ計画は、ビルマ政府からの許可を得ないうちに、日本で新聞記事になったことがあだとなり、ビルマ政府から不許可の通知が届いた。こうして、梅棹らシニア案のカカボ・ラジ計画が挫折し、若手案のノシャック計画が復活したのだ、という。

ヒマラヤの一角の初登頂と学術とを同時にねらうカカボ・ラジ計画は、梅棹にとってよほど大事なことだったろう。その挫折感は大きく、梅棹は傷心をいやす旅に出たのだから。一九六一年、大阪市立大学による第二次東南アジア学術調査隊の帰路、一人でネパールなどをまわった。ヒマラヤをみるためである。

このとき、カンチェンジュンガ（八五八六メートル）は雲に隠れてみえなかったが、「この旅行でわたしは心の傷をいやし、元気をとりもどした」と回想している（『行為と妄想』）。確かに、梅棹はヒマラヤを背景にした上のような写真を数多く撮影しており、それらのなかから一枚をみずから選んで、写真展「民族学者　梅棹忠夫の眼」に用いた。
キャプション解説には次のように書かれている。

「ネパール族。ネパール王国カカニ・ヒル西方にて。ネパールの村はふつう尾根筋にならぶ。高地は等高線ぞいに段々畠になっている。すぐ目の前にみえるとなり村にゆくにも、急斜面を一ぺん谷底までおりて、それからまた急斜面をかけのぼらなければならない。ネパール語はヒンディー語系。写真の背景の山はガネッシュ山群（一九六一年）」。

3　山に始まり、山に終わる

最後の著作『山をたのしむ』　第四回梅棹忠夫・山と探検文学賞の受賞作が決まった。『天、共に在り　アフガニスタン三十年の闘い』（二〇一三年、NHK出版）である。

著者の中村哲さんはアフガニスタンで継続的にボランティア活動を続けている著名な医師で、二〇〇三年にアジアのノーベル平和賞といわれるマグサイサイ賞を受賞している。

同書もすでに城山三郎賞など三つの賞を受けていたが、この梅棹賞にも選ばれた。同賞のホームページに紹介されている選考委員長の講評によれば、「現代社会における新たな『探検』の在りかたを鋭く提示しています」とある。

同じくホームページによれば、そもそもこの梅棹賞は『山をたのしむ』（二〇〇九年、山と溪谷社）をきっかけに生まれたという。梅棹の署名入りで寄せられた文章には次のような一節がある。

「この本は、永年、未知にあこがれをいだき、登山と探検にしたしんできたわたしが、自分の人生をふりかえり、自分にとって山とはなんであったのかを見つめなおしたものです」。

『山をたのしむ』というタイトルはいかにも初心者向けの登山入門書のように思われるかもしれない。が、もちろんちがう。梅棹の山をめぐる回想録なのだから、「山をたのしんできた梅棹」をたのしむための本である。読者にとっては「梅棹をたのしむ」本なのである。そして、これが梅棹にとって最後の自著となる。

最初の著作
『山城三十山記』

それではいったい最初の作品は何だったのだろうか。

みんぱくから資料集として刊行された『梅棹忠夫著作目録（一九三四－二〇〇八）』（「みんぱくリポジトリ」というウェブサイトから調査報告SERの八六号を指定すればダウンロードすることができる）によれば、最初の著作物は一九三四年の「鷲峰山（じゅうぶせん）」であり、「三ケ岳（みつがたけ）」が続く。いずれも、京都府立京都第一中学校の山岳部の部報『山城三十山記　上篇』に掲載された文章である。

「山城三十山」とは、同山岳部の大先輩である今西錦司や西堀栄三郎、桑原武夫たちが京都の山々のなかから「登山の目標」とした三〇選であった。梅棹たち少年はその選定条件をあらため、「新山城三十山」を定めた。

そして、みずから登り、その山行きを記録し、解説書にまとめたのが『山城三十山記』上下篇二冊である。ガリ版刷りの山岳誌である。現代ふうに言うなら、さしずめ山々の「攻略本」とでも言えようか。あの、川喜田少年からのハガキに書かれていた「山城三十山記はどうなった？」という質問は、この部報を指している。

翌三五年につくられた『山城三十山記　下篇』でも梅棹は「愛宕山（あたごやま）」以下、五つの山に関する文章を書いた。また同時に、梅棹はこの『下篇』において「編集後記」も書いた。これこそ、梅棹が人生で最初につくった本なのだった。

上掲の『山をたのしむ』では「わたしの出版したいろいろな印刷物の最初のものとなりました」とある。

このように梅棹の著作物は、山に始まり、山に終わるのである。ちなみに『下篇』の実物を見ると、その編集後記の日付は一九三五年七月三日。奇しくも梅棹自身の祥月命日である。人生最初の一冊に最期の日付が記されているとは、偶然とはいえ、なんとも予見的なことではないか。

精緻な記録『峑峪記』

梅棹アーカイブズに残された資料のなかには、部報『山城三十山記』とともに、自分自身でつけていた記録も残されている。A5判のいわゆる大学ノートで、表紙には『峑峪記（センヨクキ）』とある。日本ではあまり使われない漢字だ。「山へんに全」と「山へんに谷」という漢

山名	日時	△	高度	地図	30山	回	備考
喜撰山	八年三月十三日	3	四八五・一	京都東南部	△	1	
稲荷山	:	3	二三三・八	:		1	
花山山	:	2	二二一・三	:		1	
澤山	八年三月十五日	2	五一六・〇	京都西北部	△	1	
地蔵山	八年四月一日	1	九四七・六	:	△	1	
愛宕山	:	3	九九〇・五	:		1	
十三石山	八年四月七日	3	四九五・五	:	△	1	
半国高山	:	3	六七〇・〇	:	△	1	
朝日ヶ峯	:	3	六八八・三	:	△	1	
修学院山	八年四月十一日	3	四四二・五	京都東北部		1	
比叡山	:	1	八四三・三	:	△	1	
瓢箪崩山	八年四月十五日	3	五三二・四	:	△	2	
蓬萊山	八年四月二十一日	1	一一七四・三	北小松		1	
貴船山	八年四月二十八日	2	六九九・八	京都東北部	△	1	
水井山	八年四月二十九日	3	七九四・一	:	△	1	
高谷山	八年四月三十日	3	八三二・六	:	△	1	
嵐山	八年五月七日	3	三七六・一	京都西部		1	
烏ヶ岳	:	3	四八二・六	:	△	1	
吉田山	八年五月二十一日	3	一〇二・六	京都東南部		1	
比叡山	:	1	八四三・三	:	△	2	
武奈ヶ岳	八年六月四日	3	一二一四・四	北小松		1	泊

山名	日時	△	高度	地図	30山	回	備考
魚谷山	七年十月十日	3	八一六・二	京都西北部	△	1	
[illegible]岳	七年九月十六日	3	四三二・七	京都東北部	△	1	
瓢箪崩山	:	3	五三二・四	:	△	1	
大文字山	七年九月二十三日	3	四六六・〇	:	△	1	
[illegible]岳	:	3	六三一・四	京都西南部	△	1	
ポンポン山	?	2	六七八・九	:	△	1	
金毘羅山	七年十月二日	3	五七二・八	京都東北部	△	1	
東山廻遊	八年一月二十八日	3	一八六・五	:		1	
船岡山	八年二月二十八日	3	一一二・一	京都西北部		1	
[illegible]山	:	3	二九・二	:		1	
城山	:	3	四七九・八	:	△	1	
双ヶ岡	八年一月十日	3	二六・二	:		1	
高雄山	:	3	四二八・九	:	△	1	
双ヶ岡	八年一月十九日	3	二六・二	:		2	
船岡山	:	3	一一二・一	:		2	
神山	八年二月十七日	3	三〇一・五	京都東北部		1	
大峯山	八年三月十八日	2	五〇六・四	京都東南部	△	1	
喜撰山	:	3	四一六・〇	:	△	1	
[illegible]山	:	3	一三一・八	:		1	
音羽山	八年三月二十四日	3	五九三・四	:	△	1	
千頭岳	:	2	六〇二・〇	:	△	1	

泊　後記参照

『峑峪記』のなかの登山リスト

（出典）国立民族学博物館提供

字によって「すべての山と谷」を意図していたのではないだろうか。

第一巻と記された一冊目は昭和八年一月二八日から始まり、同じく第二巻と記された二冊目は六月四日までで終わる。たった四カ月ほどで二冊のノートが埋まってしまう。その記載内容はと言うと……。

まず、山行きリスト。山名、日時、三角点の数、高度、地形図の名前、回数、宿泊の有無などが記されている。「30山」という項目もある。以前に選ばれていた三〇選であるかもしれないし、実際に自分たちで山を歩いて選んだベスト三〇かもしれない。季節休暇はもちろんのこと、初夏のころには毎週のように出かけていたことがわかる。

そして、緻密な記録。一冊目は次のように始まる。

「臨時例会　松ヶ崎東山

昭和八年一月二十八日（土）　半曇

リーダー　ナシ。参加者　梅棹、井村、鳥羽。

行程

一中発（PM1）－西山口－深泥ヶ池半－半島－水源地－狐ヲ坂－宝ヶ池－第一峰－第二峰－東山三角点－左岩－第一峰－大黒天裏－一中（PM4:10）」

そのあと「記事」として以下のようにつづられている。

「地図ヲ持ッテ来ナカッタノデ山岳部ノルームへ行ッテ地図ヲ借リテ校内靴ノママ出カケタ。深泥ヶ池へ来タ。見ルトズット氷ガ張リツメテイル。高圧線付近デ氷ノ上ニノッテ見テモナカナカ破レナイ。厚サ約三寸。半島基部へ達シタ。……初メテ宝池ナル池ヲ見タ。井村ノキトンボヲ取ッタ地ダ。池ニ沿ッテ東北ノ方へ進ム。途中、ナゼカ点々トシテカラスノ羽毛ガオチテイル。非常ニタクサン連続シテアッタ。池畔ノ松ノ木ニ井村、鳥羽トナイフデ彫刻シテアッタ。生々シク残ッテイル。少々右方ノ高イトコロへ行クト井村クンガ鳥ダト叫ブノデ見ルトナルホドフクロウガ死ンデイル。目ヲムキ出シテ実ニ無残ダ。ヨク見ルト中ノ肉ガナイラシク羽ダケラシイ。不思議ニ思ッタガマアコレヲ持ッテ行ク。井村クンガ持チ役ダ。途中合ウ人ガソレヲ見テ驚ク……」。

一二歳の男子学生三人で山歩きをしている様子が克明につづられている。山と言っても東山は標高一八六・五メートルなので、ハイキングと言ったほうがよいかもしれない。三角点のありそうな頂きに出たが、三角点はみつからなかったという。ちなみに、現代の探訪者のレポートによれば、この三角点は今も地図上にあって見当たらないらしく、そのかわり、岩倉川沿いの小学校の敷地内に「東山（九九・四メートル）」があるそうだ。

京都一中すなわち現在の洛北高校を出発し、深泥池から宝ヶ池へ回るルートはせいぜい一二キロメートルくらいだろう。そこをおよそ三時間で歩いたのだから、このノートを道中書きつけたとは思えない。道中はせいぜいメモする程度で、帰ってから書いたと推測される。道中のメモは残っていないから、脳に直接メモしていたのかもしれない。メモを紙に書いていたのか、脳に書いていたのか。いずれにせよ、梅棹にとって、山歩きは記憶と記録の鍛錬であったにちがいない。

それにしても、淡々とした記録は後年の梅棹の作品を思い起こさせるではないか。『モゴール族探検記』しかり、『東南アジア紀行』しかり。中学生のときから進歩してないってことなのか。中学生でも読み書きできるスタイルだから浸透力が高い。そこに名著の名著たる所以があるとみておくことにしよう。

二冊目のリストには同行者の数が整理されており、梅棹の単独行も少なくない。上掲の回想録『山をたのしむ』では、さらりと「三十山を完登していた」と言及されているが、当時の部員で全三十山を完全制覇していたのは梅棹ただ一人だったらしい。部員のなかでもかなり精力的に活動していたことを『峠峪記』は証明する。

扇動者たる梅棹忠夫の萌芽

梅棹の初期の著作が山だらけであることは別稿で述べたことがある（拙稿「山にはじまり、山におわる」『山をたのしむ』の文庫本化にともなう解説、二〇一五年）。そこでも記したが、たとえ重複しても、どうしても取り上げておかなければならないのは『山城三十山記　下篇』の「編集後記」の一文に見られるアジテーションである。

「実に山は一大総合科学研究所であります。この研究所で、もっとうんとたがいに山を研究し、知識をまそうではありませんか」。

山は梅棹忠夫にとって、体力や気力とともに知力を鍛錬する場として位置付けられていたことが十分に伝わる宣言文である。しかも私見の吐露に終わることなく、読者をたくみに扇動している。人びとに呼びかけ、世の中に半歩先んじた生きかたを提案するという扇動は梅棹忠夫の真骨頂である。たとえば、一九五四年、「アマチュア思想家宣言」ではふつうの人びとがカメラを自由に使いこなすよう思想も使いこなすものだと鼓舞した。

また、一九五七年、専業主婦ということばがいまだ使われていなかった時代に早くも、「妻無用論」で「これからの女は爆発する」と書き、男女共同参画時代を予見するかのように女性たちを勇気付け、社会に出るよう仕向けた。

このように、他人の心をゆさぶるリーダー気質を私たちは梅棹の著作人生に何度も見出しうるのだが、最初の一冊『山城三十山記　下篇』でもそれは発見されるのだった。

『行為と妄想』に「アジテーション」という項目があり、もっぱら探検の領域でのアジテーションについて言及されている。山や探検というのは、しばしばアジテーションを必要とするのかもしれない。確かに、梅棹のアジテーションも山から始まっている。

梅棹は随所で、山は人生のルーツであり、すべての出発点だと述べている。とは言っても、世界最高峰級の初登頂をめざす登山家ではない。その点が今西錦司との決定的な差異としてすみわけられてきたが、そもそも梅棹にとっては少年のころから、山のもつ総合的な魅力こそが未知への探求の源泉なのであった。

多くの人にとってそうであるように、山は探求力、記憶力、筆力、企画力を実践的に身につける場であり、梅棹にとっては思想を鍛える場でもあったことがアーカイブズに残された初期の著作から知れる。

第6章　未来を見つめ、「みんぱく」へ

1　未来を語る人びと

この原稿を書いている二〇一五年六月現在、日本列島各地で地震や噴火が相次いでいる。拙稿が読者のもとに届くころもきっと状況はあまり変わらないだろう。少なくとも、一転して事態が改善するということはあるまい。何しろ、長い時間軸に沿った自然の営みなのだから。

『日本沈没』の福原教授

こんなに日本全国各地から大地の活発な動きが伝えられると、私たち日本人には自然に思い出されてしまうSF小説がある。一九七三年に刊行された『日本沈没』（光文社）だ。

作者の小松左京自身の関心はそもそも、もし国土を失ったなら日本人はどうするだろうかという点にあったという。しかし、二〇〇六年に製作された映画では、草彅剛と柴咲コウが演ずる男女の恋愛を絡ませながら、個人的に脱出するよりも人びとの命を守るための自己犠牲がクローズアップ

された。地殻変動を止めるために自己犠牲を決意した技術者はやっぱり命を落とす。そして、故郷の母はかつてのように巣にもどってきたツバメをあたかも息子の生まれ変わりのようにむかえるのである。

ところで、この映画において柄本明が演じた福原教授は富士山付近で観測を続ける地質学者だが、原作でのモデルは梅棹忠夫だと伝え聞く。原作では次のように描かれている。

比較文明史を専門とする福原教授は「長期にわたる大きな問題をつきつめて考える」ことのできる「本当の学者」だという設定になっている。ところが、と言うか、だからこそ、と言うべきか、わざわざ役人たちが京都までやってきて移住計画の策定を依頼に来ても、福原教授は「えらいこっちゃな……」とつぶやいたきり寝てしまう。いざ泊り込みで執筆作業が始まってもなお「茶をすすりながら、庭木の話をしたり、茶器のことを話したり、のんびり雑談をしているだけ」にしかみえない。それでも、福原教授は結局、げっそり痩せるまで精根を使い果たして、ついに三つの案を完成させる。まとまって移住する、分散する、どこにも行かないという三つの選択肢だ。この三つ目の案は、世界中の多くの人びとなら、合理的に判断して、絶対に採用しないはずの案ではあるが、日本人特有の文化的な行動様式としてありうる、として特別に提案された。

小松はいかにも京都出自の趣味人的な言動をちりばめたキャラクターを用いながらも、斜に構えてはぐらかすだけなら「本当の学者」ではないとでも言わんばかりに、政府の要請に対して真摯に応じさせ、かつ、その対応策のなかで日本人の行動特性を語らしめ、日本人の未来を憂えたのであった。

「かいくうかい」

『日本沈没』は今日、災害だらけの日本列島におけるリスクマネジメントのための学習教材のような役割を果たしうるかもしれない。ただし、刊行当時は、社会的に、もう少し深刻な意味をもっていただろう。

石油ショックによって急激に物価が高騰し、トイレットペーパーの買い占め騒動がおこるなか、国民のひとり一人が高度経済成長の終焉を肌で感じ始めたときだったから。『日本沈没』は近未来に対する不安を否応なしに増幅した。換言すれば、日本における未来のイメージは概して『日本沈没』刊行前後あるいは大阪万博（Expo'70）前後で大きく転換したのである。

梅棹忠夫と小松左京はちょうど一〇歳ちがいだが、こうした一般社会の未来観が短期間で変容するのに先行して、ともに未来を憂えていた。

二人の出会いは「情報産業論」にある。梅棹は一九六三年、業界誌『放送朝日』に「情報産業論」を寄稿した。小松は「そのオリジナリティに瞠目した」という（『小松左京自伝――実存を求めて』日本経済新聞社、二〇〇八年）。小松氏も同誌に連載を始めたのが縁で知己を得て、北白川の梅棹宅に通うようになったようだ。このころ、彼らはしばしば万博について議論していた。以下は、梅棹自身による解説である。

「一九六四年ごろから、わたしたちは『万国博をかんがえる会』というちいさなあつまりをもっていた。メンバーは林雄二郎、川添登、小松左京、加藤秀俊の諸氏とわたしである。

この組織がのちに未来学研究会となり、日本未来学会をうみだす母体となった。

ときどきは、きまったテーマもなくあつまって食事をし、議論をした。鳥羽や志摩にでかけて、うまい海産物を賞味した。だから、この会は別名を『かいくうかい』と称していた。かい（貝）くう（食う）かい（会）である」。


（著作集第四巻『中洋の国ぐに』四七二頁）

中央官僚にして未来学者の回想

前述のメンバーたち五人はいずれも回想を残している。興味深いことに、立場によって書き振りがかなり異なっている。ここでは二人の回想をとりあげよう。

まずは林雄二郎氏。『日本の繁栄とは何であったのか』（PHP研究所、一九九五年）は副題に「私の大正昭和史」とあるように林氏の回想録である。同書に「貝食う会」という項目が立てられており、そこには経済企画庁経済研究所所長の林氏が未来ビジョンを考えて「役所がらみのところで」提示しても「議論は不毛に終わることが多かったのだが、それ以外のところでは思わぬ収穫が少なくなかった」とある。

そして「私の考えを一番正しく受けとめてくれたのが当時京都大学の助教授だった梅棹忠夫さん

で」あり、前述の五人で未来学研究会を組織し、東京と京都を行ったり来たりしながら討論を重ね、そのうちに「関東、関西の中間で落ち合ったほうがいいのではないか」ということで鳥羽に白羽の矢が立ち、「思い切りご馳走を食うことにした」。

鳥羽を東京と京都の中間というにはあまりにも南下しすぎというものだ。交通の便というよりも食通の都合が優先した結果であることは会の通称名からも想像に難くない。「これがなかなか大変で、料理が一人ひとり皆違うのは当然として、ワインの銘柄をきめるのでもうるさいことうるさいこと」と臨場感を伴って研究会の様子が復元されている。

「梅棹さんや小松さんは類い稀な人で、まさに天才という二字がピッタリあてはまる人だった。こういう天才の人たちと話をするのはたいへんにくたびれるものである。というのは話の途中で、ヒョイと話が飛躍することがよくある。特に小松左京さんはそれを連射砲のような早口でやられるので大変である」。

そこで帰りの新幹線の車中で川添氏に「翻訳」してもらっていたそうだ。

このように中央官僚だった林氏にとって「万国博をかんがえる会」は想起されないまま、未来学研究会から回想が始まっている。そして、「まだ『貝食う会』になる前で、あれはたしか比叡山のホテルで落ち合ったときだったと記憶するが、梅棹さんがいきなり『未来をかんがえる場合にこんな考え方はどうだろう』と切り出した」。「歴史学にも近代史、中世史、古代史とあるように、未来も近未来、中未来、遠未来と分けて考えたほうがいい。それを一〇の冪で対応させてみたらどうだろう」と発案し、十年単位を近未来、百年単位を中未来、千年単位を遠未来とする提案をしたという。

時間のものさしが複数あることは「変化の兆候」や「未来からの呼びかけ」を認識するうえできわめて大事であると林氏は力説する。「〝そうだなあ五千年とはもたないだろうなあ〟と事もなげにいわれる。そこで私はハッと気がつく」。そんな経験を何度も繰り返し、「こういうところがまさに学際的討論のよいところで、おかげで私は他の人にくらべて多少は複数のものさしを持てるようになったのではないかと思っている」と締めくくられている。

ちなみに宇宙物理学者ローレンス・クラウス教授の「白熱講義」によれば、宇宙のように巨大な世界を捉えるには大雑把さも必要で、計算上重要なのは一〇の累乗すなわち桁数で捉えることだという。林氏の回想は梅棹の未来論における勘所を伝えている。

なお、梅棹の未来分類には実はもう一つ「現未来」がある。「現在にすぐつづく、いちばんちかい未来は、ひじょうに豊富な資料をつかって、かなりのたしかさで、さまざまな事象を予測できるところの未来である。……この段階の未来史を、現代史に対応して、現未来史とよぶことにしよう。時間でいうと、一〇年から二〇年という範囲である」としている（「未来学の構想」著作集第一二巻『人生と学問』一九九一年)。このように、現未来史を一〇年、近未来史を一〇〇年、中未来史を一〇〇〇年、遠未来史を一〇〇〇〇年として、ほぼ一〇の冪であらわすことができるとしたのである。

時空を大づかみにするコツがつかめていることのほかに、もう一つ、「未来史」と歴史の史をつけて呼んでいることも刮目に価する。『世界の歴史』シリーズに未来篇を加えるという企画と呼応して、未来を含めた人類史が構想されている。

建築評論家の回想

一方、川添登氏の回想は、その名もずばり『思い出の記』(七〇/七〇の会、一九九六年)であり、同書にも「貝くう会の頃」という項が設けられている。

まず「未来学研究会という集まり」について、「万博というものは、われわれの世界とは違うものだ、と思うようになって、未来のことでも語りあって、浮世のうさを晴らそうという魂胆だった。ちょっとばかし『竹林の七賢人』をきどっていたのである」と解説されている。万博にかかわる会合が未来学に関する研究会に先行していたことはこの解説からも明らかである。

そして、共同編集した「未来学の構想」が「日本生産性本部出版部から単行本としてだされたので、その印税で、おいしいものでもたべながらおおいに討論し、これからも一緒に未来学関係の本をだしていこう、ということだった」とある。なるほど。今日的に言い換えるなら、知的財産による外部資金の導入というわけだ。なお、同書は『未来学の提唱』というタイトルで一九六七年に刊行された。

結局、未来談義よりも「もっぱら貝の料理を賞味することに主眼が移っていったのは、学者やSF作家だって人間なのだから、流れのおもむく当然の道筋だった」という解釈が提示されている。梅棹・小松の両名がよほど料理談義を展開したらしい。あるいはそうでなかったとしてもそのように記憶されている。

しかも、「おいしい料理の作り方を書いた本はいくらでもある。しかしおいしく料理をたべる法を書いた本はない。自分は、そういう本を書きたいんだ、と梅棹さんは、かねがねおっしゃっていた」と記されていて、いかにも梅棹らしいアイデアが食文化をめぐって生まれていたことも伝えている。

また、会合の通称名については次のような事情があったようだ。「やがて未来学会が誕生すると、未来学研究会では、党内党をつくっているようだからと、名前を変えて名実ともに、貝くう会になった」という。

このように、東京から通ってきた二人の回想録においてはいかんせん「万国博をかんがえる会」についての言及が希薄だと言わざるをえない。これについては次節に譲ろう。

2　日本の成功体験「万博」から「みんぱく」へ

連載原稿を書いていた二〇一五年七月現在、学術行政の世界はまさに、てんやわんやの状態であった。

破格のサイズ越え

大学法人などの国立の教育研究機関は、毎年この時期に文部科学省に対して概算要求をおこなう。ただし、二〇一五年は特別だ。二〇〇四年に法人化が始まって以来、六年ごとの中期目標期間の二期目が終わり、二〇一六年度からは第三期をむかえる。折しも国家財政が厳しいとの理由から、大幅な見直しが指示された。たとえば、教員養成系学部の廃止や人文学系大学院の再編などである。こうした課題に積極的に取り組んだほうがきっと予算がつくだろうという淡い期待から、各大学は学術行政の方向性に沿いがちだ。加えて式典における国旗掲揚と国歌斉唱までもが文科相から検討するよう要請されたりもしている。強制ではないが、何しろ財布を握られていることだけは確かである。そんなわけで、いつにも増して、書類仕事が重い。

私の現在の職場である人間文化研究機構では、特任助教の若手研究者たちが概算要求に関する書類作成の任にあたっている。それぞれ考古学や文化人類学などの専門を身につけたうえで、任期付きで雇用され、ＲＡ（リサーチ・アドミニストレーター）として働いている。彼らがこれまで書いてきた申請書と言えば、自分の研究費を捻出するための、せいぜい数百万円を上限とする書類であっただろう。それらと比べると二桁ちがう。彼らにしてみれば、想定外の大きな仕事を任せられ、さぞやストレスを感じているだろう。しかし、だからこそ、こうしたまさに桁外れの仕事をなしえたとき、大きな達成感を味わうことができるにちがいない。

かつて梅棹は、一九七〇年に大阪で開催された世界万国博覧会の意義として、桁外れさに言及している。開催に先立ち、全国都道府県の教育委員会の人びとを対象に講演会がおこなわれた。そこで梅棹は「五〇〇〇万人の海外旅行」すなわち日本人の約半分が万博を見て世界を知ることになるという予想と、「未来について、国民のひとりひとりが真剣にかんがえるという態度」が定着するのではないかという予想を披露した（著作集第一三巻『地球時代に生きる』四七 - 四九頁）。

これら二点を指摘する前段で、万博会場の諸建造物がおよそ実用的ではないことを強調し、そこに文化的意義を見出すとともに、大規模な仕事をやり終えた日本人を賞賛したうえで、次のように述べている。

「この仕事のために、これに情熱をそそぎこんだひとが膨大な数いるということは、日本の今後の文明にたいへんおおきな影響をおよぼすだろうとおもうのです。夢をもって、その夢を実現させる機会をもった。デザイナーにしても、日ごろやっている仕事の二けた、みけた、四けたくらいおおきい。それだけ自分自身をふくらますことができた。それだけ大型のサイズになった日本人が、これによってたくさん出現したということであります」。

（著作集第一三巻、四六－四七頁）

建築家やデザイナーたち個人にとってのみならず、日本社会全体にとっても一つの画期的な成功体験になったとみるわけである。

そして、実のところ、けったいな無用きわまりない建物を見るために集まった人びとは、予想を超えて六四〇〇万人に上り、一五五億円もの収入をもたらしたのであった。

しかし、二〇一五年現在から振り返ると、あの成功こそは失敗の始まりだったのかもしれない。

成功への疑念

日本万国博覧会の公式記録によれば、日本原電の敦賀原発は「45年3月14日の万国博開会式から会場へ送電を始め」、関電の美浜原発も「同年8月8日から試送電を開始、『人類の進歩と調和』をテーマにした万国博会場が〝原子の灯〟で輝いた」とある。つまり、あの太陽の塔は芸術を離れて産業史的観点からすれば、決して太陽の象徴ではなく、原子力発電のモニュメントだったのである。

梅棹はかつて黒四ダムの建設現場を訪問し、完成してもただちに電力は不足するから、原子力発電が必要だという説明を聞いて、止めることのできない力学をもつ文明の奔流を感じた（著作集第一六巻『山と旅』二八四–二八五頁)。そして、万博が始まるころになると、「一種の反文明主義がでてこなければならない」と述べている。「進歩することがどんなにこまることかということが、ちょっとわかるようになってきた。進歩しないでおくことがもしできれば、すくわれるかもしれない。しかし、このまま進歩がつづけば、われわれはもう破滅するしか道がないのではないか」とまで心配していた(著作集第一二巻『人生と学問』九一頁)。

当時から、日本の行く末を疑う見方はすでに存在していた。たとえば、もっぱらアメリカにのみ依存する外交政策を大いに憂える学生たちや市民たちは安全保障条約の自動更新に反対していた。彼らからみれば、万博は国民の視線をそらす目くらましであり、万博に反対するという意味で「反博」運動が展開された。この安保問題も解決するどころか、今さらに、より深刻になっている。けだし、「人類の進歩と調和」というテーマそのものが、科学技術の進歩が人類の未来を約束すると安易に信じられていた時代に対する警告の始まりだったと言えよう。

それにしても、なぜ、梅棹はまだ始まってもいない時点で、大阪万博についてあんなに熱く語ることができたのであろうか。

万博の黒衣役

前節で述べたように、林雄二郎、川添登、小松左京、加藤秀俊、梅棹の五人は「万国博をかんがえる会」を結成した。この会合については、著作集の多くの巻で言及されている。万博とのかかわりについては、『地球時代に生きる』『民族学と博物館』『都市と文化開発』(それぞれ著作集第一三巻、第一五巻、第二一巻）に詳しく、とくに第二一巻に所収された「都市と文化開発の三〇年」のなかには「万博から民博へ」という章にまとまっている。それによれば、

「オリンピックがはじまるまえから、わたしたちの仲間うちでは、『つぎは大阪だ』という声がささやかれていた。万国博覧会が大阪でひらかれるだろうという予想にもとづくものであった。まだ『万国博覧会』という名称もなかった。なにひとつ具体的なうごきはみられない段階である」。

かなり早い段階で「これはおもしろいことになりそうだ」と、「万国博をかんがえる会」が結成され、過去の前例を研究した。「もしこれが大阪でひらかれるとなると、それこそオリンピックをはるかにうわまわる規模の一大文化開発となる」と推測した。このように当初はいわば勝手連であった。

勝手連だから「万博協会の役員でもないし、どの委員会にも属していなかった。公的には万博とは無関係だったのである。にもかかわらず、万博がしだいに現実性をおびてくるとともに、わたしたちはたいへんいそがしくなった。なんでもわたしたちに相談がくる」のだった。

たとえば、チーフ・プロデューサーに岡本太郎氏を推薦し、万博の理念とテーマを決定するためのテーマ委員の人選リストを作り、さらに基本理念も練った。加藤秀俊が草案を書き、皆で修正し

たという。

「建物の建設がはじまるころになると、わたしたちはひまになった」はずだったが、「わたしにはまた力仕事がもちこまれてきた。総理大臣官邸からの要請で、開会式での佐藤栄作総理大臣のあいさつの原稿をかいてくれ」と依頼され、さらに「おどろいたことには、万国博の会長であるところの石坂泰三氏のあいさつ文の起草も協会を通じてわたしのところにまわってきた」。前者は「やや荘重な調子のあいさつ文」とし、後者は「すこしやわらかい調子で、したしみのこもった文体」に仕上げられた。

二つの挨拶内容をうまく分けるには、確かに一人で書き分けるほうが手っ取り早くはあるだろう。梅棹アーカイブズには、いずれの草稿も残っている。ワープロなどなかった時代だから、何度も推敲したあとがみてとれる。

また、万博成功のさなかに佐藤総理に宛てた手紙の下書きとコピーもある。直々に会って話をして、万博の跡地に博物館をつくる最終的な詰めをしたのだった。

そもそも、佐藤と梅棹の仲は「首席秘書官の楠田實氏のひきあわせによるものであった」と、自伝『行為と妄想』に述べられている。一九六七年、総理の週末休養中の読みものとして、出版されてまもない『文明の生態史観』を総理のカバンのなかに入れたことがきっかけとなった。梅棹の文明論を読んだところで、国会の答弁には何の役にも立つまい。しかし、世界をどう見るか、何のための政治か、という本来の目的にふさわしい知的インフラを脳内に築くことができるだろう。
ところで、梅棹は石坂日本万国博覧会協会会長の挨拶のなかで、「これまでの万国博覧会の国際的な伝統に従いまして、私どもも、また、今日の文明の進歩のありさまをひとところに集めて展示しようとするものではございますが、それとともに、今度の日本万国博覧会では、人類の調和ということをテーマの中のもう一つの柱としてうたっております。今日の人類が解決を迫られておりますむずかしい諸問題を前にいたしまして、新しい人類のあり方をさぐる展望台としての役割を果たしたいというのが、われわれの願いであります」と言わしめている。名目上、梅棹の著作物にはならないため、著作集には入れられていない。

このように梅棹は「裏かた」として万博に深くかかわっていた。小松左京の回想には、「京大人文研の教授になった梅棹さんが、『私は国家公務員やから表には出られん。小松君、頼みまっせ』。」という依頼を受けたとある（前掲『小松左京自伝——実存を求めて』七〇頁）。

実のところ、梅棹にとってはすでに万博そのものよりもむしろ万博以後に意味があった。いわく、「表かたとして、じっさいに、おおきなプロジェクトをひとつなしとげた」とあるプロジェクトとは、世界各地に民族資料を収集するための調査団を派遣し、収集された資料の保管場所として博物館が必要だという理由から、万博跡地に国立民族学博物館を建てるという、一連の計画のことである。万博を一時のお祭り騒ぎで終わらせない仕掛けは、あらかじめ入念に考えられていた。

そのあたりの深謀遠慮については、著作集第一五巻『民族学と博物館』の「『収集団』から『博物館』へ」の章に詳しい。「収集団」の正式名称は「日本万国博覧会世界民族資料調査収集団」(Expo '70 Ethnological Mission)で、略称をEEMといった。岡本太郎の構想のもと、太陽の塔をふくむテーマ館の地下空間に、世界各地の民族資料を展示するための収集団であった。アーカイブズには、EEMのメンバーたちからの手紙などが残っている。ひとつ一つの収集カードの丹念な記録とは別に、現地の状況が私信を通じて詳しく報告されていた。

また、著作集第一四巻『情報と文明』にも関連した記述がみられる。同巻に所収された『メディアとしての博物館』(平凡社、一九八七年)のなかに「博物館から博物学へ」という章があり、「立志伝か?」という項目がある。中尾佐助や鶴見俊輔から、若いころからの思いを実現できてしあわせだという祝辞を受けたことを紹介しながら、「いつから博物館をつくろうとおもいたったのか、わたしの記憶はさだかではない」とある。

そして、いくつかの記憶をたどってゆく同章の先に、「しろいチャパン」という項目がみえる。KUSE(カラコラム・ヒンズークシ学術探検隊)の資料について、京大の人文研にあずけたものの、そこには保管場所がないため、文学部の地理学教室があずかり、陳列館に保管してくれることになったにもかかわらず、資料が水に浸かってしまったという話が書かれている。「しろいチャパン」とは現地のカウンターパートから「あなたの未来の博物館のために」ともらったフェルト製の外套を指す。ところが、「わたしの未来の博物館」は水没していたのである、という（著作集第一四巻『情報と文明』六五七頁）。

私は、ウメサオタダオ展の準備中、ＫＵＳＥの資料を借り受けるために京都大学総合博物館を訪ねた。この、かつての陳列館に資料はあったけれども、人文研にも、博物館にも、地理学教室にも、保管簿はなかった。すべて未登録資料であり、それらの一部を借り受けることが難しかったため、結局、資料のすべてをみんぱくで整理保管することになった。

「しろいチャパン」はもはや存在しなかったが、『モゴール族探検記』に挿入されている写真に関連する資料が幾つか見つかった。また、「写真文庫」を刊行していた岩波書店で保管されていた紙焼きと対応させることができた（第3章第1節参照）。たとえば、爪屋さんの写真があり、そこに写っている爪とそっくりの爪があり、その荷札の筆跡は梅棹のもののようでもあり、という具合である。水没を免れた一部のＫＵＳＥ資料は、現在、みんぱくで未来の出番を待っている。

それにしても、「博物館をつくろうとおもいたった」最初の瞬間が、アーカイブズにある資料を丹念に読み込んでいけば、見つかるのだろうか。いまのところ明らかなことは、初期探検時代から、物質文化に興味があったことと、博物館を訪問していること、である。

一九三九年、京都帝国大学の教授や学生によって結成された京都探検地理学会に、梅棹はまだ高校生（旧制）であったにもかかわらず入会した。そして、一九四〇年の冬、当時、樺太と呼ばれ、日

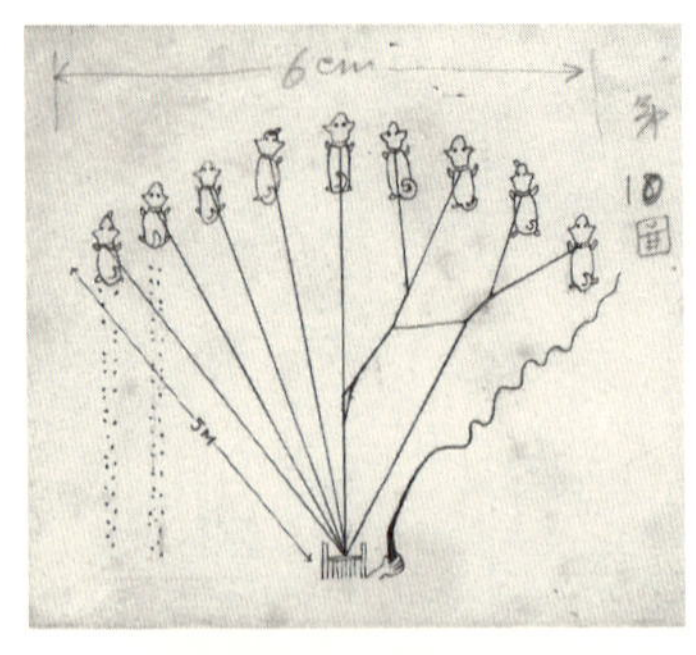

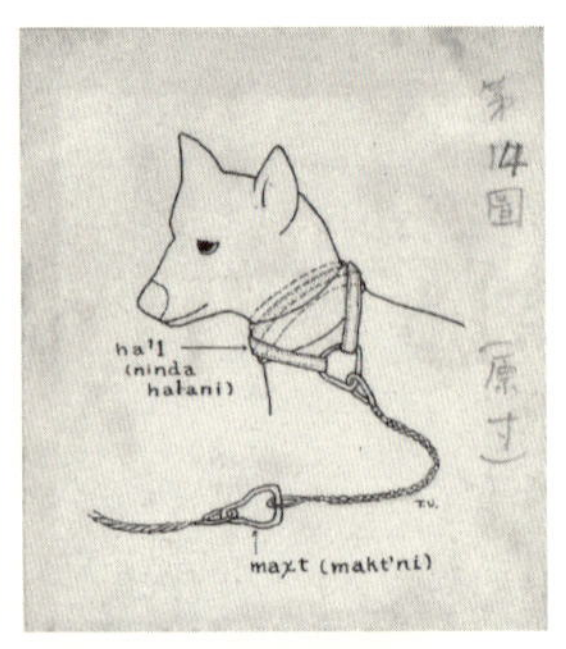

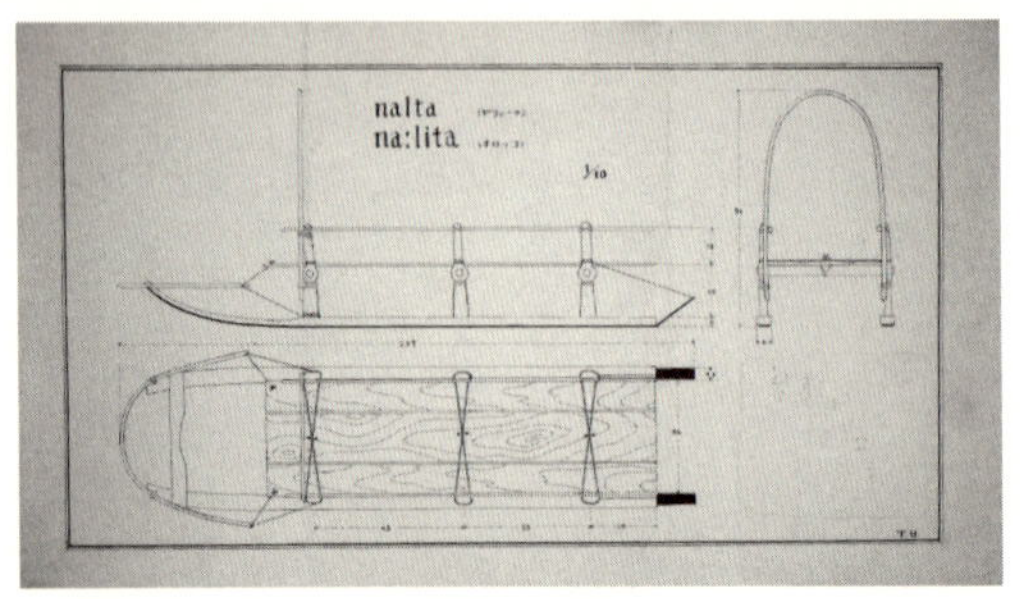

イヌぞりの製図

（出典）国立民族学博物館提供

本領であった南サハリンへおもむいた。この「樺太踏査隊」の六人のメンバーのうち、ただ一人の高校生として。しかも、いつの日か南極大陸を横断するための訓練行でもあったこの踏査隊において、イヌぞりの性能調査を担当していた。一九四三年に発表したその成果は、梅棹にとって最初の研究論文であると同時に、日本語で書かれた最初のイヌぞりの論文でもあった。アーカイブズには丹念に墨を入れたイヌぞりの製図が草稿とともに残されている。帰路、樺太庁博物館に立ち寄ったことがわかる、当時のパンフレットなども残されている。また、フィールドノートにも、物質文化への関心が記しとどめられている。

なお、このときの論文「犬橇の研究――主として樺太の犬橇の形態と機能について」（『探検』第３号、朋文堂、一九四三年）」は、戦後、第一次南極観測隊を派遣することになったとき、イヌぞり担当者の目にとまった。梅棹は、稚内でおこなわれていたカラフト犬の訓練に対して、請われて助言をすることとなった。論文を書いただけで利用者ではなかったのだから、たいした助言などできるはずもなく、ただイヌたちの健闘を祈るばかりだったことなど、『裏がえしの自伝』の「わたしは極地探検家」に詳しい。それでも、大げさに関係づければ、あの有名なイヌたち、タロやジロの、育ての祖父ぐらいにはなるだろう。

踏査当時のフィールドノートには、同行した中尾佐助とともに、イヌのえさを実食し、味見していることなどが記されている。祖父世代の試みはまさしく体当たりだった。

差出有効期間
平成30年9月
30日まで

郵便はがき

6 0 7-8 7 9 0

(受　取　人)

京都市山科区
日ノ岡堤谷町1番地

ミネルヴァ書房
読者アンケート係 行

◆ 以下のアンケートにお答え下さい。

お求めの
書店名＿＿＿＿＿＿＿＿市区町村＿＿＿＿＿＿＿＿＿＿＿＿書店

＊ この本をどのようにしてお知りになりましたか？ 以下の中から選び、3つまで○をお付け下さい。

A.広告（　　　）を見て　B.店頭で見て　C.知人・友人の薦め
D.著者ファン　E.図書館で借りて　F.教科書として
G.ミネルヴァ書房図書目録　H.ミネルヴァ通信
I.書評（　　　）をみて　J.講演会など　K.テレビ・ラジオ
L.出版ダイジェスト　M.これから出る本　N.他の本を読んで
O.DM　P.ホームページ（　　　　　）をみて
Q.書店の案内で　R.その他（　　　　　）

書名　お買上の本のタイトルをご記入下さい。

◆上記の本に関するご感想、またはご意見・ご希望などをお書き下さい。
文章を採用させていただいた方には図書カードを贈呈いたします。

◆よく読む分野（ご専門）について、3つまで○をお付け下さい。

1. 哲学・思想　2. 世界史　3. 日本史　4. 政治・法律
5. 経済　6. 経営　7. 心理　8. 教育　9. 保育　10. 社会福祉
11. 社会　12. 自然科学　13. 文学・言語　14. 評論・評伝
15. 児童書　16. 資格・実用　17. その他（　　　　　）

〒
ご住所

Tel　（　　　）

ふりがな
お名前　年齢　歳　性別　男・女

ご職業・学校名
（所属・専門）

Eメール

ミネルヴァ書房ホームページ　http://www.minervashobo.co.jp/

＊新刊案内（DM）不要の方は × を付けて下さい。 □

第7章　文明へのまなざし

1　エスペラントの夢

第六回「エスペラントの日」記念公開講演会

梅棹アーカイブズを管理している梅棹資料室から、日本エスペラント協会のチラシが届いた。エスペラントとは、ご承知の通り、一九世紀にザメンホフというユダヤ人が世界の共通語として考案した、人工言語である。日本では一九〇六年六月一二日に協会が創立されたことから、この日を「エスペラントの日」とし、毎年そのころに記念公開講演会をおこなっているという。

そのチラシには、二〇一五年六月二一日、早稲田大学付近にあるエスペラント会館で講演会がおこなわれること、言語学者の田中克彦氏による「言語学はエスペラントをどう扱ったか」に続いてビル・マク氏による「梅棹忠夫の足跡」という講演がおこなわれることなどが記載されていた。

田中先生にも久しくお会いしていないので、挨拶がてらうかがい、その深淵な博識の一端に触れておきたいし、後者も見逃すわけにはゆくまい。しかも、その発表はエスペラントでおこなわれ、通訳付きだという。ぜひともエスペラントが使われるのをなまで聞いてみたい。

そこで、当日、会場に出向いた。

地下鉄の駅の改札口を出るとき、周りにいる数人のうち、もっとも地味で、いかにも勉強好きそうな、初老の人をフォローした。何となく行き先が同じではないかと思えたからだ。正解！　見知らぬ男性の、意図せぬ誘導により、たがうことなく会場に到着した。

それほど広くはない会場は、七〇人ほどの聴衆によってほぼ埋まり、熱気にあふれていた。若い人もいるにはいるが、多くは六〇代以上の高齢者に見受けられた。驚くべきことに、通訳される前に多くの人びとが講演内容を理解していた。エスペラントの実践者たちの集まりだった。

ビル・マクさんの講演内容

発表者のマク（麥文彪）さんは、自己紹介によれば、香港生まれの中国系カナダ人で、当時、京都大学の白眉センターの准教授。専門は古代インドの天文学を中心とする学術史。同センターは、優秀な若手研究者を国内外から公募してその学術活動を支援する人材センターのような部門である。

多言語をあやつる彼にとってエスペラントは教養の一つであり、京都大学人文研の大先輩である梅棹忠夫もエスペラントを学習した。エスペラントと京大人文研をつなぐ梅棹忠夫に関心があるという動機の解説から、発表は始まった。

マクさんの発表「梅棹忠夫の足跡」は日本エスペラント協会の会誌『エスペラント』（二〇一五年一一月号、一二月号）に掲載されるとのことであった。ここでもごく簡単に紹介しておこう。まず、梅棹の言語学習の方法論に迫り、実用主義であることが強調された。次に、ローマ字論者からカナかなタイプライターの開発へと実用の対象が変遷したことが紹介された。さらに、エスペラントに関する梅棹の発言から、理想主義であることが強調された。こうして、梅棹の言語に関する態度には実用主義と理想主義という対比的特徴の共存が見受けられる、という興味深い指摘で締めくくられた。

マクさんによる考察はしかし、さらに深めておく必要があるように思われる。なぜなら、異文化を学ぶ手段としての言語学習と、自文化を表現する表記方法の模索と、そのいずれにも属さないところ、つまり文化を超えた共通言語として位置づけるべきエスペラントの普及とは、一口に言語といってもまったく異なる位相にあるからだ。

そもそも、エスペラントは梅棹にとって他の多数の言語学習対象の一つではない。そのことをアーカイブズ資料で確認してみよう。

エスペラント関連資料　梅棹アーカイブズにはどのようなエスペラント関連資料があるかをまず把握しておこう（拙稿「梅棹アーカイブズにおけるエスペラント関連資料」『エスペラント』二〇一五年一二月号）。

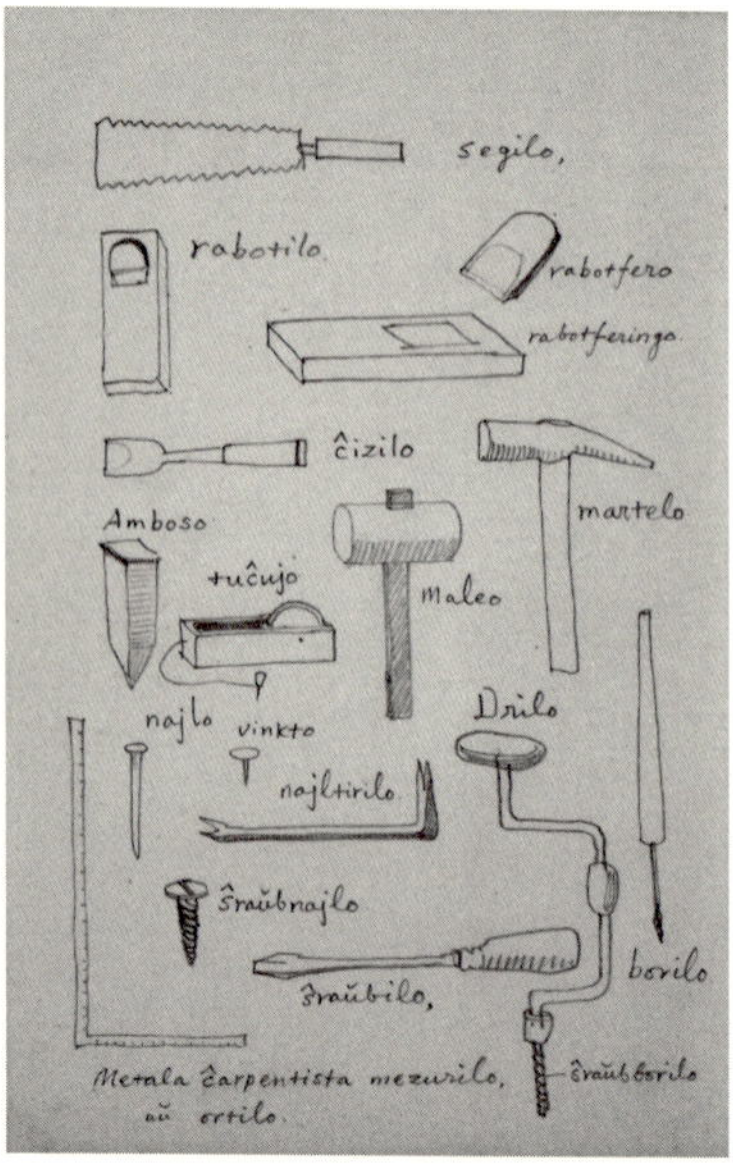

エスペラント学習帳

（出典）国立民族学博物館提供

第一に、一件ファイル。一件ファイルとは、関わった案件ごとにＡ４判のフォルダーに収められ、五十音順で保管されている書類群である。ファイルの形態は「耳」とマチの付いた特注仕様である。「耳」に見出しを書くことで内容が一目でわかり、マチ付きなので中身が失われにくい。『知的生産の技術』に当該フォルダーが図解されている。

「京大エスペラント会」「大本のエスペラント活動」「世界エスペラント協会」「世界エスペラント大会」「日本エスペラント大会」「関西エスペラント連盟」「関西エスペラント大会」などの見出しのついた一件ファイル群がある。

エスペラントについて梅棹は一九九二年に「回想のエスペラント」という随筆を上梓した（著作集第二〇巻『世界体験』に所収）。「かならずしも熱心なエスペランチストではなかったが、ずっとこの言語に関心をもちつづけ、エスペラント運動との関係もたちきることなくつづけてきた」という梅棹の、エスペラントとの付き合いを回顧するエッセイである。いくつもの一件ファイルが、彼の回想を助けたにちがいない。ファイルの中には、エスペラントでおこなった講演原稿も含まれている。

第二に、エスペラント学習帳。一九四〇年ごろのノートでは、わざわざ物質をスケッチして、その名をエスペラントで記して学習していたことが了解される。

第三に、エスペラントでかかれた手紙類。梅棹は一九五二年ごろ、結核のために山行きや運動全般を禁じられると、自宅療養中の慰みとして切手収集を始めた。「このとき、海外のエスペランチストとの切手の交換をおもいついたのである」。当時の国際機関紙『エスペラント』には、文通希望者のアドレスがたくさん掲載されており、「切手交換希望者をさがしだして、その人たちにせっせと手紙をかいた」おかげで、エスペラントの作文力が向上し、外国切手のコレクションも成長したのだった。出した手紙の下書きと、来た手紙が残されている。

また、エスペラントでしたためられた、モンゴルの草原の生態学的区分に関する論文草稿も残っている。大阪市立大学の紀要に投稿するため、その書式に合わせた割付まで終えているものの、刊行されていない。エスペラントによる論文は受理されなかったようである。

第四に、エスペラント世界大会に参加した際の、旅の記録写真。一九七〇年、第五五回ウィーン大会（オーストリア）と、一九七八年、第六三回ヴァルナ大会（ブルガリア）である。とくに後者では大会終了後、大会で知り合ったエスペランチストたちの案内を受けながら、ルーマニア、ハンガリ

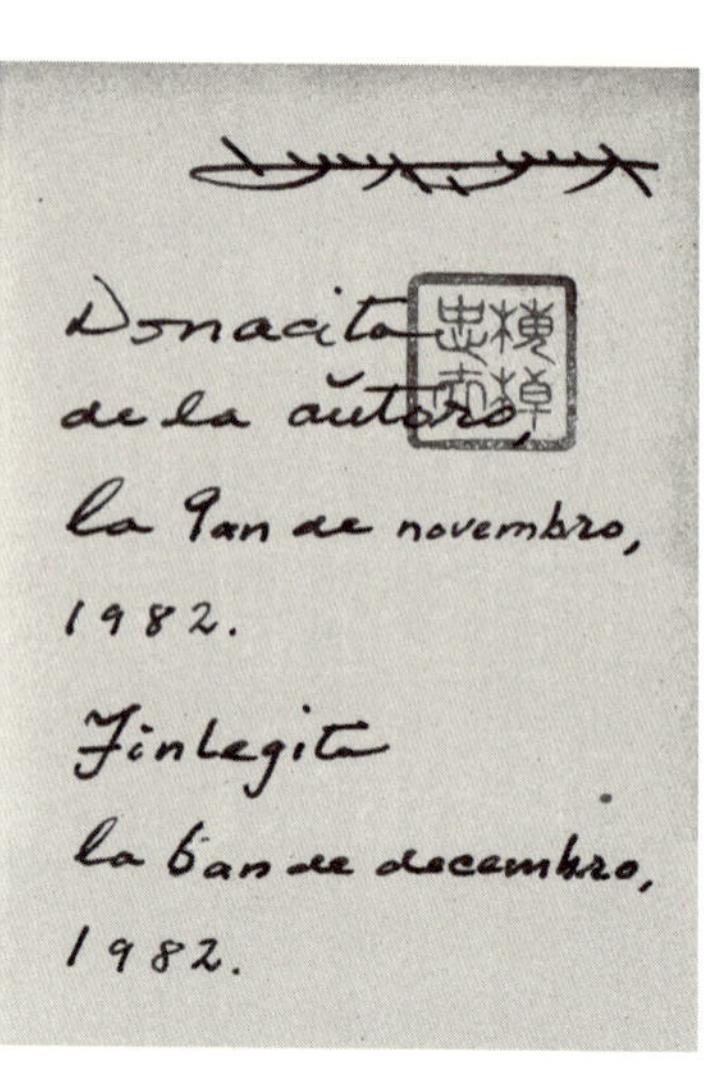

エスペラントによるサイン

ー、チェコスロヴァキア（当時）と東欧諸国を訪問し、その実態を観察して社会主義国の未来を憂えた。「東ヨーロッパの実状をしらない友人たちは、半信半疑のようすであった」とあり、社会主義は早晩崩壊するという予言はまだ早すぎて信じてもらえなかった。

第五に、エスペラントに翻訳された著作物。たとえば、日本エスペラント学会（現在の日本エスペラント協会）から一九八七年に刊行された『日本文明77の鍵』（日本語版は一九八八年に創元社から刊行され、改訂版が二〇〇五年に文春新書で出された）は梅棹にとって初めてのエスペラントによる著作物である。当初英語で刊行されたのち、一九八七年の第七二回ワルシャワ大会で百周年記念として配布される予定であった。しかし、間に合わなかったという。そのためか、在庫があり、今でも日本エスペラント協会から入手することができる。八六年三月、視力を失った梅棹は、その本の姿を確かめることもできず、また大会に参加することもかなわなかった。

第六に、みんぱくの図書室には世界エスペラント協会から購入した約三〇〇〇冊の「エスペラント・コレクション」がある。そのほか、そもそも、梅棹は所蔵本の中表紙に、いつ、誰からもらったとか、読了したなどの内容を一九八四年に失明するまでエスペラントで記していたのだから、その意味で、みんぱく図書室に梅棹から寄贈された蔵書は、どれもがエスペラント資料であると言えなくもない。

これらのアーカイブズ資料のうち、もっとも古いのは学習ノートや辞書など、梅棹が弱冠二〇歳のころのもので、もっとも新しいのは失明した年六六歳のときのもの。半世紀近くにおよぶ長さである。こうした付き合い方は、他の言語学習や、ローマ字運動やカナかなタイプライター開発と比べると、明らかに持続力の点で異なるだろう。

梅棹忠夫の言語戦略

梅棹のエスペラントに対する考え方は明確である。「数において優勢をほこる、ほんのひとにぎりの言語群によって、小言語をかたる人たちが、抑圧され、排除されるという現実を容認することは、たえがたいことである」と述べているように（「エスペラントの精神」著作集第二〇巻『世界体験』所収）、世界の多様な言語の一つにすぎない英語が支配的になることを問題視し、誰の母語でもない、誰にとっても新しい別の言語こそが国際語として適切だとみなす。

一方、異文化を理解するためには現地の言語を習得したほうがよいので、梅棹は調査のたびに「一カ月学習」を心がけた。集中して記憶し、使用し、調査が終わると単語カードを捨てるなどして、すっかり忘却するのである。異文化理解のための言語戦略とでも言っておこう。

さらにもう一つ、梅棹の言語戦略として欠くことのできないのは日本語に対する考え方である。これもまた明白だ。焦点はその国際化にある。世界から多くの人びとに使われるようになることをめざして、漢字の廃止を訴え、ローマ字運動に没頭して分かち書きなどの標準化に努め、ローマ字とひらかなやカタカナの打てるタイプライターを開発した。日本語のタイプライター化という夢はほどなくワープロに取って代わられた。結果的に、私たちはいま日本語をローマ字で打ち込み、漢字を忘却している。ただし、国際化の意図は無いままに。

これら三つの考え方は、他者を理解し、自己を主張し、普遍に至るという、文化と文明にかかわる人類の根源的な三本柱ではないだろうか。

梅棹自身はエスペラント運動に没頭することはなかったものの、エスペラント学習を通じてその精神を看取し、世界を見渡し、未来に思いをはせた。言い換えれば、人類の未来に思いをはせるという夢見の力をエスペラントは梅棹に与えたのだった。

2 「文明の生態史観」の誕生

KUSEのマネジメント

KUSE（クセ）とは先に第4章第2節などでも触れたように、Kyoto University Scientific Expedition、すなわち京都大学学術探検隊の略称である。一九五五年、戦後初めて国際的なフィールド調査が派遣された。正式名称は to the Karakoram and Hindukush と続くので、京都大学カラコラム・ヒンズークシ学術探検隊となる。

カラコラムと言えば、モンゴル帝国時代の首都の名称でもあるが、ここではパミール高原から東へ、パキスタン・インド・中国の国境にあるカラコラム山脈を指す。K2（八六一一メートル）をはじめとして七〇〇〇メートル級の山がつらなり、広義にはヒマラヤの一部である。

植物学者の木原均を総隊長に据え、カラコラム支隊長は今西錦司が務めたと言えば、この探検がヒマラヤへの夢の一部であることがおのずと了解されよう（第5章第2節参照）。

梅棹は一九五二年に肺結核と診断され、自宅療養を終えたばかりだったため、登山を含むカラコラム支隊ではなく、岩村忍を隊長とする乾燥地域のヒンズークシ支隊に参加した。

ヒンズークシ（ヒンドゥークシュ）と言えば、同じくパミール高原から西方のアフガニスタンへと続く山脈を指す。こちらもノシャック（七四九二メートル）など、七〇〇〇メートル級の頂をいくつか擁するものの、一般的にヒマラヤ山脈には含まれない。

しかも、こちらは人類学班である。主目的はモンゴル族の末裔を探し出してその言語や文化を記録することだった。モンゴル語による調査経験をもつ梅棹にこそふさわしい任務ではあった。

梅棹アーカイブズにはKUSEに関する写真がモノクロ約三九〇〇点、カラー約一七〇〇点残されており、準備の様子を示す写真も多い（前掲『梅棹忠夫——知的先覚者の軌跡』二八頁）。現代なら、資金を持参して現地で物資を調達するほうが安上がりであろう。しかし、当時は外貨持ち出し制限があり、事前に調達した物資を船で送り出す必要があった。事前に試食会までして糧食を選定・調達するなど、多様な準備作業を取り仕切っていたのは梅棹である。たとえば秘書の採用なら、「とにかくいちおう面接します。はい、さようなら。やあ、きたきた。これは、はつらつとしているな。自転車にのれますか？　タイプうてますか？　自転車にのりながらタイプうてますか？　ＯＫ、採用」（著作集第四巻『中洋の国ぐに』一七三頁）。

曲芸まがいの能力をただす質問はもちろん冗談だろうが、多忙さと格闘する気迫がうかがい知れるというものだ。出発前に脱稿されたこの原稿は結果的に予言的である。というのもＫＵＳＥの帰り道、まさに自転車に乗りながらタイプを打つような芸当を梅棹はやってみせるからである。

ＫＵＳＥの帰り道
――フォルクスワーゲンの旅

「カイバル峠からカルカッタまで」はＫＵＳＥの帰路の旅行記である（著作集第四巻所収）。現地で再会したドイツ系アメリカ人の歴史学者シュルマン氏に誘われて、彼らのフォルクスワーゲンに便乗したのだった。

「わたしはタイプライターをひざにのせている。足をまえにつっぱると、キーをうつのにちょうどよい位置にくる。わたしはこれで、刻々の記録をかきつづける」とあるように、車中で観察日記をローマ字でタイピングし続けた。

タイピング原稿も残されている。活字になったものと読み比べると両者のちがいはほんのわずかでしかない。

たとえば、元原稿は次のように始まる。「ラトバン峠をこえる。七時一〇分まえ。峠のうえでやすむ。この峠はいままでこえた峠のなかでいちばんごつい」。ただし、ローマ字で。一方、書籍では「七時一〇分まえ、ラトバンド峠をこえる。峠のうえでやすむ。峠のうえからのながめは雄大である。この峠は、いままでこえた峠のなかでは、いちばんおおきい」。ほとんど同じである。車中のタイピングの完成度の高さに驚かされる。

一九四六年ごろ、手書きローマ字日記を始めてかれこれ一〇年。さぞやローマ字使いの名手になっていたことだろう。帰国後はローマ字日記をやめてしまうので、梅棹にとって、この旅行記はローマ字使いの最高峰に当たる。

中洋の発見

梅棹はフォルクスワーゲンの旅の途上、いったい何を発見したのだろうか。梅棹は記す、「あ、ブタだ！」と。車窓にブタを発見したとき、それまでブタをみかけなかったと気付いた。すなわち、乾燥地域から湿潤地域に入ったとき、環境のちがいがイスラーム圏とヒンドゥー圏のちがいと重なっていることに気付いた。こうして「文明の生態史観」は梅棹の脳内で胎動を始める。

さらに、当該地域は「中洋」として発見される。著作集で当該旅行記は「中洋の発見」というタイトルの章に収められたように、「東と西のあいだ」がユーラシアにおいて大きな意味をもつことが発見された。

ただし、「中洋」ということばは「デリーでしりあったひとりの日本人の留学生は、うまいことをいった。『ここは中洋です』」（著作集第五巻『比較文明学研究』）とあるように、もともと他人によるアイデアである。積極的に他人の意見も取り込みつつ、「生態史観」は胎内で成長を続ける。

さらに、同乗者シュルマン氏との対話が大きな実りをもたらした。「中洋」を中心に据え、日本やアルプス以北のヨーロッパを「辺境」と見立ててゆく。中華文明にとって日本が辺境であると見る梅棹に対して、ドイツもまた地中海世界を中心とするヨーロッパにとって辺境であることをドイツ系アメリカ人のシュルマン氏が語る。こうした対話こそが日本とヨーロッパの「平行進化」という考え方をもたらしたのだった。「文明の生態史観序説」が契機となって文転（理系から文系への転換のこと）を果たしたという井上章一氏も二人の対話の意義を強調している（井上章一『日本に古代はあったのか』角川選書、二〇〇八年）。

こうして旅の過程で進化しながら、「文明の生態史観」は生まれた。

以上のように、KUSEの帰り道こそは「文明の比較という問題意識が芽ばえてきた」（著作集第五巻『比較文明学研究』四一六頁）ところである。旅行記「カイバル峠からカルカッタまで」は「序説」よりも五年遅れて刊行されたが、「序説」とともに、あるいは「序説」以上に、「文明の生態史観」という考え方が生まれた現場の臨場感を伝えている。

梅棹アーカイブズに残された、帰国しておよそ半年後の日記「桑原さんと6時ごろまで話す。歴史家になりたい、という話をはじめてした」(第2章第3節) からわかることは、この旅によって、梅棹は、文明史を構造的に把握したい、という願望をみずからのなかに発見した、ということである。それは、中洋の発見に勝るとも劣らない、あるいはそれ以上の、梅棹本人にとっての大きな発見であるだろう。

文明の生態史観の意義

一九五七年に『中央公論』に発表された梅棹の論考は「文明の生態史観序説」と題された。そのため「本論」はいつ出るのかとたびたび質問されて困ったという。「いかにみじかくても、いかにかんたんでも、これはひとつのまとまりをもった論文であって、なにかほかの論文に対する序論ではない」(著作集第五巻『比較文明学研究』六〇－六一頁) からだった。

編集者が著者の意向に反して「序説」とつけたくなるほど、それは新鮮かつ大胆であり、要するに緻密な論証には欠けていた。何しろ、ユーラシア大陸をたった二つに大分するのだから、子細にかまっていられるはずもない。大鉈で一刀両断に裂くような分析である。にもかかわらず、あるいはだからこそ、大きな反響をもってむかえられ、編集部の人びとは特別ボーナスを手にしたという。

梅棹によれば、日本はヨーロッパと同じく「第一地域」としてまとめられる。ただし、これはあくまでもユーラシアの中核的文明社会の辺境である。辺境であるがゆえに、乾燥地域の遊牧民からの攻撃を受けることなく、発達することができたとみる。このように、日本とヨーロッパを「平行進化」という概念でひとくくりにしてみせた。

一方、それ以外のユーラシアは「第二地域」としてまとめられ、遊牧民の攻撃にさらされるために破壊と創造が繰り返されるとみた。けだし、社会主義化とその崩壊も、そんな繰り返しの一種として位置づけられるのかもしれない。

以上のように、梅棹はあくまでも世界認識の構図を示したにもかかわらず、しばしば日本論として受けとめられた。西洋列強を手本として文明開化をめざしてきたと理解するかぎり、西洋と日本は決して対等に位置づけられる関係ではなかった。ところが、梅棹は「文明の生態史観序説」において、こうした知的呪縛から日本人を解放したのだった。

それからほぼ半世紀後、ジャレド・ダイアモンドの『銃・病原菌・鉄』（原著一九九七年）が翻訳紹介（二〇〇〇年、草思社）されるに及んで、多くの日本人読者はある種のデジャヴ（既視感）を感じたにちがいない。ダイアモンド氏は、生態環境によって地域の歴史が左右されることを地球規模での文明史として提示していた。彼はさらにその後『文明崩壊』（原著二〇〇五年、邦訳二〇〇六年、草思社）で、生態学的地域を小さく捉えて文明崩壊のメカニズムを示した。

梅棹が望んでいたように議論は緻密になり、ユーラシアを超えて敷衍されたけれども、文明に対する警告という色彩が強いため、私たち日本人の立ち位置はかえってみえにくくなったように思われる。

当時珍しかったユーラシア内奥部からの観察にもとづいていることを評価して、宇山智彦教授（北海道大学スラブ・ユーラシア研究センター）は以下のように解説を締めくくっている。

「『文明の生態史観』は日本礼賛のようでいて、極東に孤立した第一地域としての日本の孤独さを証明してもいる。乾燥地域をはじめとする第二地域の脆さと危険性を説いているようでいて、その力強い発展の可能性を示してもいる。こうした毒を含んだ二枚腰の世界認識を、ますます複雑化する現在の世界情勢に合わせて鍛え直していくことが、今求められているのではないだろうか」。

（「勃興する第二地域と日本」『梅棹忠夫――知的先覚者の軌跡』所収）

3　梅棹忠夫の女問題

さて、センセーショナルなタイトルをつけてはみたものの、女性に関するスキャンダルを暴こうというわけではない。そもそも浮いた話はトンと聞いたことがなく、残された資料を見渡しても出てきそうにない。ここで女問題というのは、ジェンダー論へのかかわりのことである。

著作集第九巻のタイトルは『女性と文明』。まるまる一冊分が女問題であるほどの執筆量がある。

専業主婦という言葉さえなかったころから、ジェンダーすなわち社会的に作られた性差について、梅棹は論じていた。そんな先見性はどのようにして生まれたのであろうか。

『女性と文明』の巻末に寄せられたコメントで上野千鶴子氏は、同書に所収された梅棹の女性論を「家庭学」として捉えたうえで、その特徴を以下のようにまとめている。

「驚異的な予測力」

第一に、「家庭」を、生活技術と道具をインフラとして組み込んだ一つのシステムとみる文明史的な視点。第二は、性差をその歴史・社会システムに固有の変数として徹底的に相対化してとらえようとする、文化相対主義的な視点。第三は、文明史的なタイムスパンの長さと、それからくる驚異的な予測力。第四に、文明史的ニヒリズム。

それでは、いったいどれほどの予測力であったのかをまず確認しておこう。そのままを味わうべきではあるものの、少々長いので途中を省略して紹介する。いずれも初出は一九五九年。漢字かな使いは著作集に従って引用する。

「過去の女は、いわば不発弾だ。女の才能は、大部分は未開発のままで、結婚とともにおしまいになった。これからは、女は爆発する。爆発の条件が熟してきたのだ。……日本の夫たちにとって……ちょっとたのしみなことではないか」。

（「あたらしい家庭づくり」より）

「女が妻であることをやめるというのは、なにも結婚しないということではない。……妻という名のもとに女に要求されたさまざまな性質は、やがて過去のものとなるだろう。……今後の結婚生活というものは、社会的に同質化した男と女との共同生活、というようなところに、しだいに接近してゆくのではないだろうか」。

（「妻無用論」より）

「現代の女性に対して、せめて男が父である程度の母であってほしいとねがうのは、むりであろうか。現代の家庭の男は、あまりにも『父』でなさすぎるかもしれない。……母という名の城壁のなかから、一個の生きた人間としての女をすくいだすには、いったいどうしたらよいだろうか」。

（「母という名のきり札」より）

すでに半世紀余を経た現在、読んでいて違和感がない。というか、今だから違和感がないというべきかもしれない。発表当時はむしろ反論のほうが多かった。梅棹アーカイブズに残された読者からの手紙が如実に物語っている。

何しろ、梅棹は「妻無用論」において、必要以上の家事労働はお役人の仕事同様、「偽装労働」であると批判したため、掲載元の『婦人公論』に対して不買運動が出るほど妻たちは大いに反発したという。梅棹の真意は、家事など際限がないから適当に済ませて自分のやりたいことをするがいいという女性たちへのエールであったのだが、当時の常識からあまりにも外れていたために理解してもらえなかったということであろう。

なお、多くの反響の手紙が資料として残されているので、これらを用いて追跡調査をすることも不可能ではない。

「主婦論争」の研究をしてきた社会学者の妙木忍氏の解説によれば（「時代を先取る核心的な女性論」『梅棹忠夫――知的先覚者の軌跡』所収）、一九五〇年代後半の第一次主婦論争では「主婦も職業を持つべきだ」「いや、女性の幸せは家庭にある」という対立がみられ、いずれにせよ女性の家庭での役割を前提としていたのに対して、梅棹は女性の家庭での役割そのものに疑問を投げかけた、とある。ジェンダーをめぐる状況はこの五、六〇年で大いに変化した。けれども、決して解決したわけではない。だからこそ、今日でもなお「男女共同参画」が謳われている。言い換えれば、半世紀も前の梅棹の指針はいまなお使えてしまうのである。

予測力の解体

先に紹介した上野氏はさらに、梅棹「家庭学」におけるジェンダー観はきわだって男女平等的であり、そのような見方は文明史的かつ文化相対主義的な視点にもとづいていると指摘する。つまり、前述の四大特徴は互いに連関しあってもいるのである。

ここでは、ジェンダー論を念頭におきつつ、予測力に焦点をあてて、その解体を試みておこう。

まず、相対化のまなざし。梅棹は若いころから日本が植民地としていた地域を調査していた。戦後になると、日本で最初の国際学術調査にも参加した。そうした見聞によって相対化の視線が早くから培われていた。一九五五年カラコラム・ヒンズークシ調査の場合、百貨店の求めに応じて寄稿されたエッセイ「アフガニスタンの旅」は、のちに「アフガニスタンの女性たち」と改題されるほど、女性に焦点をあてたエッセイであった。百貨店のニーズあるいは百貨店の顧客のニーズを把握し、サービス精神を大いに発揮して女性に焦点をあてたのかもしれない。一九五七年の東南アジア調査の場合は、『婦人公論』に求められて「タイの女性たち」というエッセイを書いた。当時掲載されなかったが、著作集第九巻に所収されている。こうした比較文化の視座のもと、日本における女性たちのありようを布置することによって未来が見えやすくなっていたのだろう。

次に、文明史の枠組み。比較文化とは言っても、梅棹の場合は文明史的な相対化が地理的空間に反映される。文明史的に「脱工業化」の帰結として「腕力」から「知力」の時代になる。さすれば、生物学的な男女差のもつ意味は、農業や工業が社会を牽引していた時代ほどではなくなる。社会的な「性差の極小化」が進行する。そんなふうに、論理的に予想を展開し、女性の未来を描いた。そもそもジェンダー論にかぎらず、文明史論的相対化という知的作業が梅棹の未来論を支えている。

また、談話の場。ユニークな友人たちの発想力を我がものとして取り込んでいくことのできる知的環境も梅棹における思考形成の特徴としてあげることができるだろう。

「あたらしい家庭づくり」というエッセイで「〝月収五万円あれば、女房は完全に不要だ〟」という計算をする男もあらわれてくる」とあるのは中尾佐助のことである（「中尾佐助君との交遊」『山をたのしむ』）。積極的に自宅を開放し、世代や分野を超えた議論の場を提供して、「梅棹サロン」と称されていたことは比較的よく知られている。予測力を高めるにはぜひとも知的環境を整備しておきたい。

そして、冷めた視点。上野氏が梅棹「家庭学」の特徴として指摘する「文明史的ニヒリズム」は梅棹文明論の基調でもある。けだし、あの『人類の未来』が未完に終わったのもニヒリズム（虚無主義）の所以であった。当時の編集者であった小池氏の回想によれば、講演「未来社会と生きがい」で「生きがい」そのものを否定する論調が聴衆に受け容れられなかったため、やる気が失せたようだということは、先に紹介した通りである（第4章第5節）。

梅棹は、右肩上がりの時代に、盲目的に邁進することの愚を説いた。合理的であることが正しいと信じられていた時代に、合理主義の限界を指摘した。さしずめ現代ならより受容されやすくなっているだろうから、ニヒリズムもまた時代に先行していたと言えるのかもしれない。

梅棹の文明論ないし未来論の底流にあるニヒリズムは、家庭のなかの女性を論じるときにもっともわかりやすい形で現れてくるように思われる。なぜなら、「さまざまな人間集団のなかでも、家族は、もっとも合理性からとおい」集団であり、「むしろ、その非合理的なところをこそ、たいせつにしなければならない」からである。すなわち、非合理を説いても受容される素地がもともと存在している領域なのである。

あの「人類の未来」での「暗黒の中の光明」とは、目的を達成する技術開発ではなく、真理を探求する科学であり、所詮「知的あそび」である。あえて単純に換言するなら、「趣味」こそが人類を救うという考え方である。二〇一五年現在でもすんなりとは受容され難い考え方ではあるが、家庭の領域でならよく分かる。たとえば、家事とみなされてきた食事作りは、そもそも妻の義務なんかではなく、趣味の領域とみるべきである、というように。半世紀も前にそんなふうに断言できたからには、かなり冷めた視線が根底にあると想像される。

家庭という フィールド

予測力を培ったもう一つの要素としてあげたいのが、梅棹自身の実践である。やはり上野氏がすでに指摘している。「暮らしはかっこうのフィールドワークの場であった」と。

梅棹は、一九四九年、土地は借地のまま、家を知人から購入した。経費節減のため、みずからの大工仕事で改造に勤しむ。「知的生産の技術」のいわば「家庭版」であり、「３Ｄ版」である。とりあえず、「知的生活の技術」とでも言っておこう。その成果は『暮しの設計』（一九六六年七月号）に「これは京都のある大学の先生のお住いです」と写真付きで紹介された。

中庭は、雑草が生えないように玉砂利をしきつめた石庭。造園家、吉村元男氏の最初期の作品である。全体に和風で、書斎と納戸のほかは自作の床張り。テレビは壁に収納。京都で第一号という「電気皿洗い機」も台所にぴったり設置。同誌は「改造による整理学の実行」という見出しで、「徹底的な合理化で家事労働の軽減」がはかられていると賞賛している。確かに合理的ではあるが、一方で多分に自身の好みを反映させてもいる。

梅棹は家庭をフィールド（現場）として、哲学者ベルクソンがいうように「ホモ・ファーベル（作る人）」であることを実践し、歴史学者ホイジンガがいうように「ホモ・ルーデンス（遊ぶ人）」であることを実践した。そうした実践は、未来を確実に読みとる能力の素地を形成したのではないだろうか。

梅棹の予測力を育てたかもしれない梅棹邸は、二〇一五年九月から、貸しギャラリーとして運営されている。かつての子ども部屋にはギャラリーの借り手が宿泊してもよい。書架を配した廊下に囲まれた中庭には、丸い踏み石の列と四角い舞台が配されている。そのモダンな石庭を眺めてみれば、「知的生活の技術」の風が吹く、かも。

4 「日本探検」

日本へのまなざし

梅棹の残した資料にかぎらず、アーカイブズというものは従来なら、整理してから公開するものだった。しかし、今後は変わっていくだろう。散逸を防ぎ、自然劣化に対応するためにまずデジタル化しておき、公開することによって、利用者による精査を促し、多くの人びとの知力を借りて整理するという解決方法を採るようになるにちがいない。話題は尽きず、素材は開かれている。だから、関心のある方にはぜひ資料を利用してさらに解き明かしてほしい。人びとに開かれたクラウドソーシング手法は、情報産業論の草分けである梅棹忠夫にこそふさわしい。

公開された資料目録ではタイトルが分けられており、まだ検索できないのでわかりにくいが、梅棹アーカイブズのなかで「日本探検」に関する資料はきわめて多い。

「日本探検」とは、『中央公論』誌で一九六〇年一月からほぼ二カ月に一度のペースで始まった連載記事である。同年のうちに四回分までが単行本となり、友人や知人たちからは好評だったが、あまり売れなかったという。「日本探検」シリーズはその後も続き、日本語との関連が深い「事務革命」を除き、未完に終わった件などについての「始末記」を加え、著作集第七巻『日本研究』に収められた。没後ようやく二〇一四年に文庫本になった。

「探検」ということばを「日本」と組み合わせた点に梅棹の面目躍如たるオリジナリティがある。探検とは、未知の世界を探ることであり、往々にしてその世界は粗野であり、非文明的であると思われがちである。しかし、梅棹はそうした概念を日本に適用した。「よくしられているはずの民族や社会にも、あたらしい見かたにたって、かんがえなおすべきことがたくさんある」という問題意識が表明されている（単行本『日本探検』のまえがき）。こうした問題意識はのちのヨーロッパ調査においても応用された。

「日本探検」というタイトルの妙味は、日本を〈既知の領域〉から〈未知の領域〉へと移したことにある。この特徴は、『日本探検』の第一章に相当する「福山誠之館」で述べられた「なんにもしらないことはよいことだ」というフレーズと呼応している。それは、行くべし、知るべしという一種のアジテーションでもあった。

そして、この考え方は〈本〉から〈現場〉へと思考法を転換する提案でもある。桑原武夫はそれを「日本思想界のヌーヴェル・ヴァーグである」と表現し、単行本の表紙カバー袖で推奨した。

シリーズ全体の関連ファイルがなぜ多いのか？

第一に、その取り組みの多さゆえ。未完に終わった「近江菅浦」（第三章）まで八回八カ所の調査記録を含む。

第二に、各地を訪問することによる人的ネットワークの広がりゆえ。「始末記」に「個人的接近法」という項がある。現地探訪の段取りは梅棹自身がおこない、車も自分で運転して出かけ、妻以外に同行者はなかったことなどが記されている。「組織や権威の背景なしに、パーソナルなつてをたぐるというやりかた」だと解説している。こうした方法を反映してファイルが膨らむことになる。

第三に、個人的なつながりの持続ゆえ。連載された「日本探検」が単行本になった時点でも、多くの章に追記があったように、個人的な関係というものは続くものである。その後のやりとりがあれば、ファイルは増える。

そんなわけで分量が多い。梅棹アーカイブズのなかの一つの圧巻である。

もう一つの文明論

梅棹の「日本探検」は、本人も強調しているように「文明論」として位置付けられる特徴をもつ。

梅棹は一九四四年から一九四五年にかけてモンゴル高原の南縁で調査することによって、中華文明と遊牧文明を対比的に捉える視点を体得した。一〇年後、アフガニスタンからインドのコルカタ（カルカッタ）までを縦断して、生態学的差異のもつ意味を体感した。その体験にもとづいて「文明の生態史観」を一九五七年に公表したのち、この観点をみずから確かめるべく、東南アジアに赴いた。東南アジアでは、そこで顕著な宗教現象に反応して、文明論に宗教を取り込もうとし、その草稿を一九六三年、アフリカ滞在中に仕上げる予定で持参した。しかし、アフリカではむしろ実態調査の魅力を優先して牧畜に関する論文を書いた。

このように連ねて整理してみると、二つの滞在型調査と二つの通過型調査は入れ子構造になっている。

モンゴルとアフリカでは滞在型調査を生かしてミクロな視点で緻密な論文を書き、両調査にはさまれた時期には、西南アジアと東南アジアで通過型調査をおこなってマクロな視点で大局的な議論を提示する旅行記を書いた。その長期的な思考プロセスは、ミクロとマクロの往復運動であり、文化論と文明論との往復運動でもあった。

そうした思考過程の途上にあって、日本を対象にして実践されたのは、まさしくミクロとマクロの往還運動そのものである。現地の人びとからの聞き取りによって「現代日本の文明史的位置づけ」が試みられた。

のちに著作集の刊行にあわせて、京大人文研で同僚だった加藤秀俊は以下のように推薦している。

「日本をあくまでも『文明』の視点から考察しつづけてきた梅棹さんの学問的姿勢がみごとにあらわれている。……わたしはこの第七巻から読みはじめられることをすすめる。なぜなら、この巻の論考はことごとくわれわれの足元の日本にかかわることがらであり、だれにでも読みやすく、説得的だからだ」。

文庫本に際しては、日本政治思想史を研究する原武史氏による解説が付されている。生まれも育ちも東京の彼からみると「皇太子（現天皇）の結婚や六〇年安保闘争などの舞台として東京がしばしば脚光を浴びたが、そうした時代の影響はまるで受けていないかのようだ」という感想がもたらされることにもなる。

ただし、そもそも梅棹の関心は必ずしも生きている同時代の現代史ではなかったのだから仕方ない。梅棹にとって重要なのは近代化の始まりであった。近代的な諸制度が明治を起点に始まったという考え方がいまだ主流だった時代に、明治以前にさかのぼって近代化の証拠を探し出すという旅に出かけたのだった。

藩校に注目して広島県の福山に赴き、江戸時代から連綿と続く教育制度を確認し、幕藩体制のもとで分散に向かう地方原理がつよいという日本文明の特徴を推測する。

それは、総合商社をサムライ原理にもとづく商業組織とみるユニークな観点と整合している（著作集第七巻、四二〇頁）。要するに、江戸時代の諸藩はサラリーマン武士の勤務する会社のようなものだと早くから見抜いたのである。

教育や経済の仕組みをたどることによって、日本における近代化の始まりを明治維新よりも半世紀さかのぼらせ、化政年間から成長するという「文明史曲線」を描いてみせた（著作集第一三巻、一〇二－一〇三頁および著作集第七巻、三六七頁）。

日本における近代化の内発的な姿を確認すればするほど、日本は西洋に比べて遅れているというコンプレックスは明治政府による罠だとみる（著作集第七巻、三五－三六頁）。

ちなみに、のちに「日本文明はクジラである」（著作集第一三巻、一四三頁）と表現するのは、魚のなかにまぎれた哺乳類つまりアジアのなかの異質な存在だという意味である。

このように、梅棹にとって「日本探検」は「文明の生態史観序説」で提示した、日本とヨーロッパの平行進化を確認するための、日本文明論なのであった。
一九六〇年の一二月五日付の神戸新聞の記事「この人の発想」には、取材に応えた当時の梅棹の弁が記されている。

「〝日本探検〟のねらいは現代日本の文明史的課題を探ることとです。それも現代的なものを避けて、厚みのあるもの、伝統とか土着思想の歴史の中から新しい日本の可能性を求めているんです。ヨーロッパと比べて日本はだめだというこれまでの議論は、およそ客観性がない。なにしろ自分たちが何を持っているかを発掘もしないで比較しているんですから」。

周縁からの照射

梅棹は現地調査でお世話になった人びとをはじめ、多くの友人知人に単行本を謹呈した。その返礼が梅棹アーカイブズに残されている。

幼なじみの川喜田二郎からのハガキは「これは独特の方法論である。『大本教』の論文は永く後世に残るであろう」と締めくくられている。また、当時、京大人文研の共同研究「革命の比較研究」に加わっていた、育児書で有名な松田道雄氏からは「日本思想の現実的な面の解明を実学派の手にうばいとったモニュメントとして高く評価します」とある。

桑原によるヌーヴェル・ヴァーグ（新しい波）という比喩の具体的な意味が了解されよう。と同時に、とくに「大本教」の章が注目されているのもわかる。

梅棹本人の解説によれば、大本教へはエスペランチストとしての関心からアプローチした。高い理想をかかげても、戦前・戦中は世間からいかがわしいと見なされ、弾圧に耐えぬく集団。その苦難の歴史は、その後一九六五年から、高橋和巳が小説『邪宗門』を『朝日ジャーナル』に連載することによって広く若年層にも知られるようになる。

梅棹の「日本探検」では、艱難辛苦を経てのち、国家の中央ではなく周辺から直接、世界に発信する姿に焦点があてられている。

あらためて確認してみると、「日本探検」で訪問した「福山誠之館」や「大本教」さらに「北海道独立論」や「出雲大社」はいずれも周辺からの照射を試みたという点で一致している。

文庫本解説で原氏もまた、梅棹の「日本という国は、二重構造がすきな国である」という指摘に注目し、伊勢と出雲、東京と京都といった二重構造を構成する両者の関係はあくまでも非対称であり、「梅棹は常に後者から前者を、さらには日本全体を見ていたところがある」と論評している。後者とは、歴史的に敗れたり、見捨てられたりするなど〈周縁化〉された存在である。

このように〈周縁からの照射〉という意味で、「日本探検」はきわめて文化人類学的な思考方法を体現していたのだった。

終章　最期のデザイン

梅棹忠夫の最期はどんなふうだったのだろうか。彼の死をめぐって、アーカイブズには各種紙誌の追悼記事が収められている。けれども、自身の死にまつわる本人の言動をアーカイブズに求めることはできない。そこで人から直接、話を聞いてみよう。概して、人の記憶というものはとても曖昧であるし、また伝聞であるためにしばしば混線する。だから、ご遺族をはじめ複数の関係者から話を聞くことにした。

X-day（エックスデイ）

その日が来たらどうするんだろうか……。誰が言い出したともなく、みんぱくではX-dayと呼ばれていた。

一方、梅棹自身には地味な「密葬プラン」から派手な「知恩院プラン」まで当初、ゆらぎがあったそうである。最終的に、家族や親族など親しいものだけですべてを終えてから一般に告知するというプランに決まった。親族から「証言者になって」と依頼された、元秘書の三原喜久子さんによれば、「最期のことは、夫人の身を案じて、おくるのは家族や親族だけでと、梅棹先生がはっきり決められました」。そして二〇〇九年六月、みんぱく須藤健一館長にもその旨が梅棹本人から告げられた。

また、延命治療をしないようにという意志は、主治医からの助言を得て書類となっていた。そのコピーを一部、三原さんはつねに携行していたという。もし万一、外出先で必要となったときに医師に見せるためである。三原さんいわく、「人は空空漠漠から出てきて、空空漠漠に消えていく、それだけのことやとおっしゃっていました」。『サライ』（一九九一年六号）でのインタビューのことである。まだ七〇歳のときにしては、達観した印象を与えずにはおかない。生来のニヒリズムに加えて、失明によって達観がより一層、早まり、かつ高まっていた人なのかもしれない。

二〇一〇年六月、自宅で寝たきりの状態が続き、さらに一週間ほど飲まず食わずの状態が続いたあと、七月三日朝、主治医のW先生が「お酒でも飲ましてあげたら」と提案された。ワインを選ぼうとする次男のマヤオさんに、梅棹夫人は「いいの開けたげて」と声をかけ、マヤオさんはロマネ・コンティを選んだ。スプーンで飲ませてあげるとごくんとおいしそうに飲んだ、というエピソードは藍野裕之氏による評伝『梅棹忠夫　未知への限りない情熱』にも書かれている。梅棹は末期の水ならぬ末期の酒をスプーン一杯、旅立つ前に味わったのだった。

主治医たちは、いったんそれぞれの自宅にもどることになった。ベッドの両脇には夫人とマヤオさんの二人が侍した。マヤオさんが「三人だけだった」と言うのは父を含めての表現である。両脇から二人は両手をしっかり握り続けた。それはもどることのない旅人への「逝ってらっしゃい」なのだった。

お通夜もお葬式も京都市上京区にある梅棹家の菩提寺でとりおこなうことになっていた。寺に電話してもなかなか出ないのは、友引だったからではないかと推測されている。夜七時ごろ、ようやく連絡がつき、通夜と葬儀の日取りが決まった。ご遺体を菩提寺に移動させるまでのあいだ自宅で状態を保たせるために、長男のエリオさん夫妻がドライアイスを買いに走った。

家族以外で知らせてもよいことになっていた人びともいる。研究者ではわずかに三名。序章で言及したとおり、石毛直道、松原正毅、小山修三の御三方である。いずれも考古学出自であることは偶然だとしても興味深い。大きな時空を考察する人びとが側近だったことを反映しているのかもしれない。当時の様子をお聞きした。

透明感・献杯・ボディーガード

まずは松原氏。同氏はテュルク（トルコ）語系のことばを母語にもつ人びとを中心に、ユーラシアの遊牧社会を研究してきた大家である。二〇一一年に刊行された『カザフ遊牧民の移動――アルタイ山脈からトルコへ　1934-1953』（平凡社）の原稿を書き終えてまもなく、脳梗塞で倒れられた。以来リハビリを続け、二〇一五年七月にはトルコのアンタルヤ市で開催された「アルタイ共同体シンポジウム」で基調講演「ユーラシア遊牧の起源と歴史的役割」をこなすまでに回復されていた。帰国されて間もないころ、私は先生のお宅を訪ねた。

「亡くなったという電話は自宅にかかってきた。あいにく留守をしており、梅棹宅には妻が出かけた。仕事先の松山、坂の上の雲ミュージアムから、翌日すぐに引き返して梅棹宅にかけつけた。遺体は透明感があり、非常にきれいだった。あまり食をとっていなかったからだろう」。

一般に、特定の病におかされることなく老衰で亡くなる場合、死の七日前あたりから食欲が減退し、体重が激減するという。ただし、松原氏は梅棹の最期のデザインについて高橋和巳の『邪宗門』（一九六六年刊行）が重要だと示唆する。

梅棹は「日本探検」での執筆後もエスペラント語を利用していたので、大本教との縁が続いていた。そして、河出書房新社から『邪宗門』の書評を書くよう依頼された。執筆期限が迫るなか、梅棹は電話で読み上げて原稿を送った。その場に居合わせた松原氏によれば、それはまるで主人公に呼びかけるような口調だったという。『邪宗門』の主人公の名は千葉潔。その姓は成田空港をめぐる闘争のあった県名であり、その名はあくまでも潔いことからも明らかなように、『邪宗門』は同時代を反映した思想的な小説だ。主人公の千葉潔は長い闘争の果てに絶食絶飲して息絶える。そんな潔い最期に梅棹は惹かれていたのかもしれない。

続いて石毛氏。同氏は「人間は料理をする動物である。人間は共食（きょうしょく）をする動物である」と定義するなど、食文化の人類学的研究を開拓した先駆者である。「大食漢酩酊」という号は小松左京の命名によるという。飲食のみならず、みずから調理もこなす。みんぱく三代目館長を務め、退いたのちは茨木市内に事務所を開き、多彩な活動を続けておられる。最近刊は『日本の食文化史――旧石器時代から現代まで』（岩波書店、二〇一五年）でライフワークのひとつである。一方、酩酊後の転倒を重ね、これまで肋骨や膝を一〇回も骨折したことが知られている。一〇回目の傷が癒えるころ、私は彼の出張先を訪ねた。

「日記をつけなくなって久しく、記録をとっていないのであまり正確なことは覚えていない。亡くなる二日前に、梅酒で作った自家製ジャムを届けた。当日、亡くなったという電話を受けて駆けつけた。梅棹さんはベッドに横たわっていた。わたしのほかに誰が呼ばれたかは知らない。各自が駆けつけるのには時間差があり、枕元に並んだわけではないから」。

「末期の酒」となったワインを飲むよう家人に促されたが、故人と一緒に飲むというわけにもいかない。それで、ベランダへ出て、遠くの空を見ながら献杯した。

最後に小山氏。同氏はオーストラリアの先住民アボリジニの研究者であるとともに日本の縄文時代のスペシャリストでもある。みんぱくを退職したのち、しばらく吹田市立博物館長を務めながら、最晩年の梅棹をケアした。いわば梅棹にとって脳のマッサージ師となった。その成果が『梅棹忠夫語る』である。師走になってから、比叡山の中腹で開催された会合までの道すがら、聞いてみた。

「連絡があり、葬式に出た。それまでのあいだ携帯は切っておいた。葬式が終わったら公表することになっていたので、それ以前にいろいろ聞かれても困るから。ボディーガードをするつもりだったが、そんな必要はなかった。たとえ漏れ聞いた人がいたとしても、梅棹さんの気持ちを考えれば、押しかけるようなことはしないはずだから、心配する必要はなかったのだった」。

「槐安居」の境地

かつて梅棹ブランドとも言いたくなるような日本酒がふるまわれたことがある。二〇〇八年六月一日、米寿を祝う会で、梅棹忠夫のサインとともに自筆による「槐安居（かいあんきょ）」というラベルを付けた清酒がふるまわれた。

提供者は、マナスル初登頂をとげたのち、日本山岳会会長を務めた今西寿雄（第5章第2節参照）氏の夫人である。奈良三輪山の今西酒造ではなく、ご親戚筋の豊橋の福井酒造の純米吟醸「四海王」が用いられていた。

限定版のラベルのほかに、首掛けがかけられており、酒の説明と「槐安居」の由来が以下のように書かれていた。

「『槐』はマメ科の喬木、エンジュ（Sophora japonica）のことで春に白い花をつける。『槐安居』という語は、臨済宗の古典で白隠禅師の『槐安国語』によっている。ある青年が、おかゆが煮えるまでうたた寝をしていると、むかえの馬車が来て、それに乗せられてエンジュの幹のうろに導かれていった。すると、ありの大群があらわれて、彼を助けて理想郷の建設を実現したという話がある。一九七四年に国立民族学博物館が創設されたとき、お祝いに大徳寺の龍光院の小堀南嶺和尚が立派な書を書いてくださった。それが『槐安居』である。有難いことに、私は好きなことをして米寿をむかえることができた。私の研究環境は、まさに『槐安居』であったといえるのではないか」。

この物語はもともと中国の故事によっている。『南柯記』に由来する故事は一般に「南柯の夢」あるいは「槐安の夢」と呼ばれている。

むかし、唐の淳于棼（じゅんうふん）という人が自宅のエンジュの木の下で酔って寝ていると、夢に二人の使者があらわれ、槐安国にむかえられた。国王の娘をめとり、南柯郡の太守となり、出世して二〇年。が、目覚めてみれば、槐安国とはエンジュの大木の幹のウロであり、なんとアリの国だったという物語である。

「槐安居」の故事は、みんぱくの研究所としての理想郷を示すとともに、その理想郷の虚ろさを

「槐安居」の額

（出典）千里文化財団提供

合わせもってしまう。しかし、その両義性ゆえに、梅棹忠夫の冷めた諦観も合わせて表現しているように思われてならない。

米寿の祝いに参集した人びとのために、梅棹自身は一冊の本を準備していた。著作目録である。後日、送られたその本には、エンジュの花を配した柄のカバーが掛けられていた。エンジュの柄は、もともと著作集のために、版画家の田主誠氏がデザインした。米寿の際にも、その柄が大小ちょうど八八個あしらってあった。

初めてこのデザインができたときも、米寿に際して八八個のあしらいになったときも、無論、梅棹には見えない。作者や秘書たちによる説明を聞いて、論理でそのデザインを賞味していたというほかない。

酒のラベルと本のカバーと。亡くなる二年前、決して短くはない生涯を「槐安居」で表現しようとしていたことは疑いない。「槐安居」は、夢追い人ウメサオのニヒ

梅棹忠夫の著作（ウメサオタダオ展にて）

リズムを明確にあらわす、究極のお気に入りだったのではないだろうか。

高齢化が短期間に進み、すでに超高齢社会に突入した日本では、「いかに逝くか」という最期のデザインは人生最大の課題であると同時に、社会全体の課題となっている。梅棹忠夫の場合、まことに幸せなかたちで、その長い人生の幕を引くことができたように思われる。

参考文献

梅棹忠夫著作集

第1巻『探検の時代』一九九〇年。
第2巻『モンゴル研究』一九九〇年。
第3巻『生態学研究』一九九一年。
第4巻『中洋の国ぐに』一九九〇年。
第5巻『比較文明学研究』一九八九年。
第6巻『アジアをみる目』一九八九年。
第7巻『日本研究』一九九〇年。
第8巻『アフリカ研究』一九九〇年。
第9巻『女性と文明』一九九一年。
第10巻『民族学の世界』一九九一年。
第11巻『知の技術』一九九二年。

第12巻『人生と学問』一九九一年。

第13巻『地球時代に生きる』一九九一年。

第14巻『情報と文明』一九九一年。

第15巻『民族学と博物館』一九九〇年。

第16巻『山と旅』一九九二年。

第17巻『京都文化論』一九九二年。

第18巻『日本語と文明』一九九二年。

第19巻『日本文化研究』一九九二年。

第20巻『世界体験』一九九三年。

第21巻『都市と文化開発』一九九三年。

第22巻『研究と経営』一九九三年。

別　巻『年譜　総索引』一九九四年。

　すべて中央公論社。

梅棹忠夫著作（著作集以外）

梅棹忠夫、加藤秀俊、川添登、小松左京、林雄二郎監修『未来学の提唱』日本生産性本部、一九六七年。

『裏がえしの自伝』講談社、一九九二年。

『行為と妄想――わたしの履歴書』日本経済新聞社、一九九七年。

『山をたのしむ』山と溪谷社、二〇〇九年。

梅棹忠夫著、小長谷有紀・佐藤吉文共編『ひらめきをのがさない！　梅棹忠夫、世界のあるきかた』勉誠出版、二〇一一年。

梅棹忠夫著、小長谷有紀編『梅棹忠夫の「人類の未来」――暗黒のかなたの光明』『人類の未来』勉誠出版、二〇一二年。

梅棹忠夫の著作以外

藍野裕之『梅棹忠夫　未知への限りない情熱』山と溪谷社、二〇一一年。

石毛直道『日本の食文化史――旧石器時代から現代まで』岩波書店、二〇一五年。

井上章一『日本に古代はあったのか』KADOKAWA／角川学芸出版、二〇〇八年。

今西錦司全集第二巻『草原行・遊牧論そのほか』講談社、一九七四年。

川添登『思い出の記』七〇／七〇の会、一九九六年。

小長谷有紀編『梅棹忠夫――知的先覚者の軌跡』千里文化財団、二〇一一年。

小長谷有紀編『梅棹忠夫のモンゴル調査ローマ字カード集』国立民族学博物館、二〇一四年。

小長谷有紀「梅棹アーカイブズにおけるエスペラント関連資料」『エスペラント』12月号、日本エスペラント協会、二〇一五年。

小長谷有紀・堀田あゆみ共編『梅棹忠夫のモンゴル調査　スケッチ原画集』二〇一三年。

小松左京『地図の思想』講談社、一九六五年。

小松左京『日本沈没』光文社、一九七三年。

小松左京『小松左京自伝――実存を求めて』日本経済新聞社、二〇〇八年。

小山修三編『梅棹忠夫　語る』日本経済新聞出版社、二〇一〇年。

斎藤清明『今西錦司伝――「すみわけ」から自然学へ』ミネルヴァ書房、二〇一四年。

ジャレド・ダイアモンド『銃・病原菌・鉄』上下、倉骨彰訳、草思社、二〇〇〇年。

ジャレド・ダイアモンド『文明崩壊』上下、楡井浩一訳、草思社、二〇〇六年。

高橋和巳『邪宗門』河出書房、一九六六年。

中尾佐助『栽培植物と農耕の起源』岩波書店、一九六六年。

中村哲『天、共に在り　アフガニスタン三十年の闘い』ＮＨＫ出版、二〇一三年。

林雄二郎『日本の繁栄とは何であったのか　私の大正昭和史』ＰＨＰ研究所、一九九五年。

原武史「解説」梅棹忠夫『日本探検』講談社、二〇一四年。

本田靖春『評伝　今西錦司』岩波書店、一九九二年。

松原正毅『カザフ遊牧民の移動――アルタイ山脈からトルコへ　1934-1953』平凡社、二〇一一年。

『月刊みんぱく』編集部編『世界の紛争　キーワードで読みとく』河出書房新社、二〇〇三年。

『科学』七三巻一二号、岩波書店、二〇〇三年。

『科学』七四巻三号、岩波書店、二〇〇四年。

『考える人』二〇一一年夏号、新潮社、二〇一一年。

ＫＡＷＡＤＥ夢ムック・文藝別冊『梅棹忠夫――地球時代の知の巨人』河出書房新社、二〇一一年。

あとがき

アーカイブズは残酷である。まさにそのとき、どうだったかという事実を残し、あとから、ああでもない、こうでもないと思い直しているにもかかわらず、変更を受け付けてはくれないのだから。人間の心は、つねに、自分の今をうまく保つため、過去に対してさまざまな修正をかけていくものだ。私はモンゴルについて研究する過程で、社会主義的近代化の経験とその記憶について整理するようになった。そんな研究に携わるようになって一番驚いたのは、社会主義時代にいかにも洗脳された発言をしているビデオをみても、本人がそれを自分だと気付かない、というアルメニアの事例であった。一橋大学の大杉高司先生に教えてもらった。どこの国かは問題ではない。社会主義かどうかが問題なのでもない。大切なのは、本人が嘘をついているという自覚なしで、過去の思い出は自然に、現在のために修正されてしまうものだ、という点である。

言い換えれば、過去の思いをとどめた記録は、現在の思いを往往にして裏切るものなのである。かかる意味でアーカイブズは残酷であると思う。

この点に留意すれば、それが誰であれ、同時代性をもつ日記と、後年に述懐される回想とは、本質的に異なってしかるべきだ。しかし、なかには、丹念に記録し続けることによって正確な記憶が脳内に残り、それにもとづいて回想を述べるという人びともいるだろう。そんな場合は、同時代性をもつ記録と時代をさかのぼる回想とが大いに一致するにちがいない。梅棹忠夫も、どちらかと言えば、記録と回想のずれの少ないタイプに属するだろう。

本書は、梅棹が残した膨大な資料を探索することによって、その人生をたどる一種の評伝である。ミネルヴァ書房の月刊『究(きわめる)』誌上での連載（二〇一四年四月から二〇一六年三月まで）を活かして加筆した。ただし、一般の評伝がそうであるように年齢順に再構成する、という改変はしなかった。あくまでも残された資料のまとまりを重視し、そこからの接近を記した。少々風変わりな本書のタイトルは、そんな接近法をあらわしている。梅棹の残した資料に語らしめた人物像というわけである。

さまざまな資料があるにもかかわらず、推測に頼らざるを得ない部分もある。だからと言って根拠がないとは思われないことについては、私見として推測しておいた。これだけあらゆる資料を残しているにもかかわらず、残さなかったことがあるなら、そうした欠落こそ、一つの根拠であるように思われたからである。資料が残されておらず、推測するしかないことにも、存外、真実は宿っているような気がするしだいである。

また、現在の動きとの呼応を描くことにも留意した。というのも、没後の動きは、故人の思いを超えて新たな価値付けの営みとして注目に値するからである。残された資料は、つねに新たな評価を受けながら生き続けていく、と言えよう。アーカイブズ資料に残された過去は、現在と往還をし続けるものだから、さまざまな人びとが今後、アーカイブズを利用して評伝をつくりあげていくのはどうだろうか。サグラダ・ファミリアみたいに。そのための基石の一つとして、本書が参考になれば幸いである。

梅棹忠夫の秘書であった三原喜久子さんと明星恭子さんには、いつもながら、今回もまた大いに助けていただいた。梅棹アーカイブズに精通している彼女たちがいなければ、連載は書き進められなかったし、したがって本書もできあがらなかった。心から深い感謝の意をささげる。

ミネルヴァ書房の堀川健太郎氏には『究』の連載企画をちょうだいし、二年間着実に伴走してくださった。企画のご提案がなければ、おそらく、忙しさに紛れて書かないままに終わったにちがいない。筆者の意図をくみとり、タイトルも付けてくださった。あらためて深く感謝したい。

二〇一六年一二月

小長谷有紀

梅棹忠夫年譜（〔 〕のなかは、「梅棹忠夫著作集」をさす）

西暦	和暦	齢	関連事項	一般事項
一九二〇	大正九	0	**6・13** 京都市上京区にて出生。	国際連盟成立。
一九三二	昭和七	12	**3月** 京都市立正親尋常小学校第5学年修了。 **4月** 京都府立京都第一中学校に入学。同級生に川喜田二郎がいた。ともに博物同好会にはいる。 **7・17〜19** 博物同好会の合宿参加がきっかけで山の魅力にとりつかれる。 **9月** 山岳部入部。もっぱら北山をあるく。	五・一五事件。
一九三三	八	13	**7・21〜26** 伯耆大山へ遠征。	日本、国際連盟を脱退。
一九三四	九	14	**7・29〜8・3** 北山の由良川源流から日本海岸、若狭の高浜へ遠征。 **12月** 「山城三十山」の改訂作業がおわり、その山岳誌『山城三十山記　上篇』（大橋秀一郎編）に執筆。〔第一六巻『山と旅』〕	ヒトラー総統就任。 スターリン大粛静。 ソ連、国際連盟に加入。

一九三五	一〇	15	**2・16** 京都一中にて京都帝国大学白頭山遠征隊の今西錦司隊長らによる冬季白頭山初登頂報告がおこなわれた。上映された記録映画をみて、未開の土地への探検の道をあゆもうと決心。 **7・16** 『山城三十山記　下篇』を編集・執筆。 〔第16巻『山と旅』〕 **7・25~8・2** 台高山脈、大峰山系へ遠征。	独、再軍備宣言。 枢軸国対連合国の対立。 伊、エチオピア戦争。
一九三六	一一	16	**3月** 京都府立京都第一中学校第4学年修了。 **4月** 第三高等学校理科甲類に入学。山岳部に入部する。	二・二六事件。 スペイン内戦。
一九三八	一三		成績不良、出席日数不足で落第。1回目の2年生をすごす。	国家総動員法公布。
一九三九	一四	19	**1月** 京都探検地理学会に入会。 **春** 2年つづけての落第。除籍となるが、先輩、上級生、同級生の助命嘆願運動が功を奏して、1学期間だけ除籍保留。山ゆきをつつしみ、1学期を欠席なしで終え試験をうけた。復帰。3回目の2年生となる。	第二次世界大戦はじまる。

一九四〇	一五	20	**7・15** 第三高等学校山岳部員として、伴豊、藤田和夫とともに、朝鮮半島、咸鏡北道および咸鏡南道の山やまをあるく。冠帽峰連山、摩天嶺山脈をこえて白頭山に登頂。北面をくだり第二松花江の源流を確認。安図県（当時の満州国間島省―現在の中華人民共和国吉林省）をへて新京（現在の中国吉林省長春）にいたる。9月4日帰洛。〔第1巻『探検の時代』〕 **12・24** 京都探検地理学会樺太踏査隊（隊長藤本武）に参加。イヌぞりの性能調査をおこなう。一九四一年1月中旬帰洛。本気で南極をめざしていた。〔第1巻『探検の時代』〕	大東亜共栄圏構想の提唱。 日独伊三国軍事同盟。
一九四一	一六	21	**3月** 第三高等学校卒業（理科甲類）。 **4月** 京都帝国大学理学部に入学。主として動物学を専攻。 入学後、それぞれの専門をもって学術探検家になろうとこころざしていた仲間6人（梅棹、川喜田二郎、吉良竜夫、伴豊、藤田和夫、和崎洋一）は、自分たちを「ベンゼン核」と称し、今西錦司に指導を依頼。のちに今西グループと呼ばれる探検家集団が結成される。	日ソ中立条約調印。 米・英、大西洋憲章を発表。 日本軍による真珠湾攻撃、太平洋戦争はじまる。

| 一九四二 | 一七 | 22 | 7・1〜7　和歌山県白浜にある京都大学理学部瀬戸臨海実験所で海洋生物学の実習をおこなう。
7・14　京都探検地理学会ポナペ島調査隊（隊長今西錦司）に参加。パラオ、トラック、ポナペ、クサイ、ヤルートの各島を歴訪。7月29日以後はポナペ島の生態学的調査をおこなう。学術探検家として最初の実地訓練をみっちり受ける。10月8日、横浜に帰着。〔第1巻『探検の時代』〕
3・21〜27　白浜の瀬戸臨海実験所で海洋生物学の実習。
5・2　北部大興安嶺探検隊（隊長今西錦司）に参加。脊梁山脈ぞいの白色地帯の突破に成功。トナカイ遊牧民をみる。7月30日　帰国。黒竜江上流で釣りあげた魚の胃の内容物を分析して翌年に卒業論文をかく。
大興安嶺のあと、チベット探検計画をねる。チベットの資料をあつめ、チベット語の学習をはじめる。モンゴルから青海をへてチベットにはいる道は閉ざされているので、南まわり | ミッドウェー海戦。 |

で、ビルマから山ごえでチベットにはいる計画をたてた。その方策は飛行艇などと模索。

一九四三　一八　23

1・4　「蕨平の菟」の観察をまとめはじめる。

春から　ボルネオ探検計画。ボルネオを中心とする東インド諸島に関する研究会を組織。論文発表の場は『地平線』という同人回覧雑誌であった。インドネシア語の学習をすすめるが頓挫。

この年の春　徴兵検査の結果、第一乙種合格だったが、入営延期。大学院特別研究生の制度により大学院において勉学をつづける。

9月　京都帝国大学理学部卒業（主として動物学を専攻）。卒業論文は「黒竜江上流の魚類群聚」。〔第3巻『生態学研究』〕

10月　京都帝国大学理学部大学院に入学、特別研究生となる。動物学教室第二講座に所属し、宮地伝三郎助教授の指導をうけ、動物生態学を専攻する。一九四五年9月前期2年を修了。

秋　ＡＡＣＫ（のちの社団法人京都大学学士山岳会）に入会。

米・英、カサブランカ会談。日本軍のガダルカナル島撤退。米・英・中によるカイロ会談、米・英・ソによるテヘラン会談。

一九四四 一九 24

暮 日本民族学協会（のち一九六四年5月30日に日本民族学会となる）に入会。

1・6 今西錦司夫妻の媒酌で田中淳子と結婚。

5月初旬 今西錦司、藤枝晃とともに中国大陸にわたり、当時の蒙古自治邦政府所在地の張家口市にあった財団法人蒙古善隣協会西北研究所の嘱託となる。

6・9 愛新覚羅連紘とともに張家口を出発。チャハル盟粛親王府牧場に到達し、約1カ月滞在。同牧場にてモンゴル語および乗馬術を習得する。

7月中旬 妻淳子、張家口に到着。

9・6 チャハル盟およびシリンゴル盟の冬のモンゴル牧畜調査に出発。隊長は今西錦司、隊員は加藤泰安、酒井行雄、中尾佐助、和崎洋一、梅棹。以後、粛親王府南牧場、同北牧場をへて、チャハル盟を北上し、グンシャンダク砂丘群を横断してスニト部にはいる。今西、中尾、梅棹は外モンゴルとの国境に達し、ひきかえす。南下してふたたびチャハル盟にはいり、上都（アトーチン）旗より東にむかい、

ブレトン＝ウッズ会議。
サイパン島陥落ののち、日本本土への空襲が開始。

一九四五

二〇

25

粛親王府南牧場に到着。一九四五年2月26日、西北研究所に帰着。モンゴルでは家畜の群れの行動を観察し、文字やスケッチで記録をとった。家畜だけでなく牧畜民やその暮らしにも関心がわき、フィールド・ノートは33冊に及んだ。（うち、2冊は、モンゴルに行くまえの、調査計画についての記述。）現地で家畜群を観察していて、遊牧の本質と起源について仮説をもった。かこいのなかで飼いならしたウシやヒツジを増やしていったのではなく、草原に生活していた有蹄類の群れに、北方森林から進出してきた狩猟民が接近して共同体をつくったというものである。

「遊牧の起源」については、のちに『狩猟と遊牧の世界』（一九七六年、講談社）で自説を全面的に展開した。

6・27 タイブス左翼旗、タイブス右翼旗の各公署で統計資料うつし、および南ワーヨで聞きとり調査。7月16日、張家口にもどる。

米・英・ソによるヤルタ会談。
独の降伏で第二次世界大戦終結。
米軍による広島、長崎への原爆投下。

一九四六	二一	26		
			8・8　蒙疆博物学会の発起人会が張家口の遠来荘でひらかれる。正垣幸男、今西錦司、梅棹など約10名が出席。 **8・21**　無蓋貨車にて張家口を脱出。西北研究所や宿舎から調査資料や原稿、ほか研究資料などを持ちだした。23日天津着。 **11月はじめ**　藤枝晃と避難民むけ買取専門の古本屋を手つだう。本はのちに天津市の図書館に引きとられたという。 **12月**　北京に移動。持ちだした資料の整理をおこなう。 **5月上旬**　塘沽からアメリカ軍上陸用舟艇（LST）にのり、3日間の航海ののち佐世保に入港、汽車で京都にかえる。 **5・15**　京都帝国大学理学部動物学教室に復帰。大学院に再入学。京都探検地理学会は解散しており、AACKも活動を休止中。 **5月**　東海大学予科設置と同時に講師（非常勤）となる。一般生物学を担当（～一九四八年3月）。	日本のポツダム宣言の受託により太平洋戦争終結。 国際連合発足。 東京裁判はじまる。 インドシナ戦争勃発。 日本国憲法が公布される。

			9・28 京都帝国大学ローマ字会設立に参画。みずから講習会のポスターや教科書をつくった。 **10・1** 京都帝国大学大学院特別研究生（後期）となり（〜一九四九年4月30日）、モンゴルでの資料の整理をはじめた。フィールド・ノートの内容を項目別にばらし、タイプライターをつかってカードにローマ字で書きうつした。カードはおよそ五〇〇〇枚になった。 **この年** 日本ローマ字会に入会、京都支部のメンバーとなる。	
一九四七	二二	27	**3月〜4月** 奈良県磯城郡平野村の農村調査。 **5・1** ローマ字がき科学雑誌『Saiensu』（秋田屋）創刊に参画。 **12月** 日本エスペラント学会に入会。	パリ講和条約締結。
一九四八	二三	28	**2月** 探検地理学会のながれをくむ自然史学会、ユーラシア学会が設立される。	第一次中東戦争勃発。 ソ連によるベルリン封鎖。
一九四九	二四	29	**4・30** 大阪市立大学助教授（理工学部生物学教室）となる。	北大西洋条約機構（NATO）成立。

西暦	和暦	年齢	事項	社会の出来事
			9・9 京都府山岳連盟の屋久島踏査隊に参加。隊長は今西錦司、隊員は西岡一雄と梅棹。10月上旬帰洛。 **10・1** 京都大学理学部学外研究者として動物学教室での研究を許可される。 **12月** 熊本県阿蘇地方の農村調査（総合開発計画に対する生態学的基礎調査）。 **12月** 京都北白川にひっこし、自分で家の手いれをはじめる。	中華人民共和国が成立。国家主席に毛沢東、首相に周恩来が就任。 湯川秀樹、ノーベル物理学賞受賞。
一九五〇	二五	30	**10・9** 日本動物学会の大会が名古屋で開催されたおり、生態学懇談会がひらかれた。そこで「生態学の進路」と題する講演をおこない、生態学会の設立を提案した。 **11月** 日本生態学会設立準備委員会委員。	朝鮮戦争の勃発。
一九五一	二六	31	**4月** 奈良県磯城郡平野村で二回目の農村調査。 **8・26～9・2** 奈良県吉野郡野迫川村学術調査。 **9月** 一九四九年九月の屋久島踏査の結果をまとめて「ヤク島の生態」として『思想』9月号（岩波書店）に発表。〔第19巻『日本文化研究』〕 それを読んだ柳田国男から、「この方法は日本	サンフランシスコ講和会議にて対日平和条約・日米安全保障条約に調印。

西暦	和暦	齢	事項	一般事項
			民俗学がいまだかつてこころみざるところである」と評した手紙がとどいた。「いちどあそびにこい」とあり、柳田邸を訪問し、懇談した。 **秋** 自然史学会からつながる生物誌研究会（FF）が設立、メンバーとなる。	
一九五二	二七	32	**2・10** FFで申請したマナスル登山計画をAACKが日本山岳会に委譲したため、日本山岳会に入会。当然、マナスル計画に参加するつもりであったが、夏に肺結核の診断をうけ、自宅にて2年間の療養生活を余儀なくされる。エスペラントを活用して世界じゅうの切手を収集。整理をするうち、世界の地理と歴史につよくなった。	
一九五三	二八	33	**10・1** 日本生態学会設立と同時に入会（～一九八七年1月31日）。 **秋** 自然史学会ジュニア部会結成。フィールドにおける学術調査の技術に関する研究をおこなうこととなった。 **11・4** 大阪市立大学理工学部生物学教室において、自然史学会ジュニア部会の第1回例会が開催される。	朝鮮戦争休戦協定に調印。

一九五四	二九	34	このころから、写真撮影の練習をはじめる。（オリンパス35） **5月** 「アマチュア思想家宣言」を『思想の科学』創刊号（講談社）に発表。〔第12巻『人生と学問』〕	ネルー、周恩来による平和五原則の提唱。 第五福竜丸水爆被災事件。
一九五五	三〇	35	**3・20** 京都大学人文科学研究所講師（非常勤）（〜一九六五年7月31日）。 **5・14** 京都大学カラコラム・ヒンズークシ学術探検隊（総隊長木原均）に参加。ヒンズークシ支隊人類学班（班長岩村忍）に属し、モゴール族の調査研究を中心におこなう。探検隊の写真係の役をみずからかってでて民族誌写真をとった。（ニコンS、パノン）。自動車でカーブルからカイバル峠をこえ、北インドを横断してカルカッタまでもどる（同行者F．シュルマン、E．ランダウアー）。車中ではポータブルタイプライターを膝上におき、車窓からの記録をローマ字で打ちつづけた。11月11日帰国。	第一回アジア・アフリカ会議（バンドン会議）開催。 ソ連を中心としたワルシャワ条約機構成立。
一九五六	三一	36	**3・5** 日本で初の学生探検部が京都大学に生まれ、顧問となる。	日ソ共同宣言で日・ソの国交回復。 日本、国連加盟。

			5・2〜3 稚内のカラフト犬訓練所を視察。 **9・17** 『モゴール族探検記』（岩波書店）〔第4巻『中洋の国ぐに』〕。 **10・25** 『アフガニスタンの旅』（岩波写真文庫）。	日本山岳会マナスル初登頂成功。 第1次南極地域観測隊。
一九五七	三二	37	**2・1** 「文明の生態史観序説」を『中央公論』2月号に発表〔第5巻『比較文明学研究』〕。 **5・1** 「女と文明」を『婦人公論』5月号に発表。〔第9巻『女性と文明』〕。 **11・3** 第一次大阪市立大学東南アジア学術調査隊に隊長として参加（タイ、カンボジア、南ベトナム、ラオス）。出発に先だって、隊員全員が自動車運転免許証を取得。隊員らで運転を交代、3台の車を駆使した。一九五八年4月14日帰国。 **11・18** 第9回太平洋学術会議がタイのチュラーロンコーン大学でひらかれ、その動物学部会で「戦後のアジアにおける日本人の生物学的探検活動」と題する講演を英語でおこなう〔第3巻『生態学研究』〕。	国際原子力機関（IAEA）発足。 ソ連、人工衛星スプートニク1号の打上げに成功。
一九五八	三三	38	**9・25** 『タイ――学術調査の旅』（岩波写真文庫）。	

西暦	和暦	年齢	事項	社会の出来事
一九五九	三四	39	**9・25** 『インドシナの旅――カンボジア、ベトナム、ラオス』（岩波写真文庫）。 **この年** 「日本探検」を開始。探検的手法をもちいて、日本各地をおとずれて、日本という国のありかたを文明的観点から考察しようとした。シリーズ「日本探検」は翌年から一九六一年にかけて『中央公論』に連載（全7回）。現地調査をした「近江菅浦」「陶」などは未完におわった。	アイゼンハウアーとフルシチョフによるキャンプ＝デーヴィッド会談。キューバ革命おこる。チベット動乱おこる。
一九六〇	三五	40	**1月～9月** 「女性論」を展開。「新しい家庭づくり」（全20回）『朝日新聞』、「妻無用論」『婦人公論』6月号、「続・新しい家庭づくり」（全22回）『朝日新聞』、「母という名の切り札」『婦人公論』9月号などを発表する。 **5月22日** 京都北白川の自宅を開放して人類学サロン（金曜サロン、梅棹サロン）をひらく（～一九六三六年6月17日）。 **11・25** 『中央公論』に連載のシリーズ「日本探検」の4回分（第1回～第4回）が単行本として出版された。『日本探検』（中央公論社）〔第7巻『日本研究』〕。	アフリカ諸国の独立が相次ぎ、「アフリカの年」と呼ばれる。

一九六一	三六	41	**3月** 大阪市立大学・京都大学合同のカカボ・ラジ登山探検隊の隊長として準備にかかっていたが、ビルマ政府の許可がとれず実現できなかった。 **9・19** 京都大学から理学博士号を授与される。学位論文は「動物の社会干渉についての実験的ならびに理論的研究」であった〔第3巻『生態学研究』〕。これはモンゴルから帰国後、ヒツジたちの群れ行動に関する研究をオタマジャクシで再開したもので、動物の社会性を数理的に表現し、結果を論文にまとめたのであった。動物数理社会学の誕生といえよう。 **12・16** 第二次大阪市立大学東南アジア学術調査隊（隊長岩田慶治）に参加し、北タイの調査をおこなう。のち単独でビルマ、東パキスタン、インド、ネパールを踏査。カカボ・ラジ計画の傷心をいやす。一九六二年2月5日帰国。	東独によるベルリンの壁構築。 ソ連、初の有人宇宙飛行に成功。
一九六三	三八	43	**1・1** 「情報産業論」を『放送朝日』1月号に発表。『中央公論』3月号に転載される。 **7・6** 京都大学アフリカ学術調査隊（隊長今西錦司）に参加して、タンザニアの牧畜民ダト	米・英・ソ、部分的核実験停止条約（PTBT）調印。 キプロス紛争がおこる。

一九六四	三九	44	ーガ族の人類学的調査をおこなう。一九六四年3月24日帰国。 **春**　「万国博をかんがえる会」を林雄二郎、川添登、加藤秀俊、小松左京と発足させて、ときどきあつまって自由勝手なテーマで議論した。三重県の鳥羽や志摩のホテルでうまい海産物を食べながらおこなったので、このあつまりを「かいくうかい」と称していた。これがのちに未来学研究会となり、一九六八年発足の日本未来学会の母体となる。 **5・30**　日本民族学協会の学会機能が日本民族学会と改称され、理事に選出される。 **5・31**　『東南アジア紀行』（中央公論社）（第6巻『アジアをみる目』）。 **7・27**　モスクワでひらかれた第7回国際人類学・民族学会議に出席。のち、ウクライナのキエフおよびリヴォフを訪問する。モスクワからフィンランドのヘルシンキをへて、8月20日帰国。 **9・16**　京都大学人類学研究会（近衛ロンド）発起人会に出席。	ザンジバル革命。 東京オリンピック開催。 海外渡航が自由化される。

年	昭和	年齢	事項	社会の出来事
一九六五	四〇	45	11・5、12 岩波市民講座で講演「狩猟と遊牧の世界」をおこなう。〔第8巻『アフリカ研究』〕 4・1 「知的生産の技術について」（全6回）を『図書』に連載開始。 7・31 大阪市立大学退職。 8・1 京都大学助教授（人文科学研究所）となる。今西錦司教授のあとをうけて社会人類学部門を担当し、共同研究班を組織する。今西教授からひきついだ「人類の比較社会学的研究」にはじまり、「重層社会の人類学的研究」「文明の比較社会人類学的研究」「アフリカ社会の研究」「理論人類学研究」を主宰した。 8・4 東京で開催された第50回世界エスペラント大会で、「日本文化の理解と誤解」と題する講演をエスペラントでおこなった。 11・1 『サバンナの記録』（朝日新聞社）〔第8巻『アフリカ研究』〕。	ベトナム戦争勃発。 日韓基本条約が結ばれる。 朝永振一郎、ノーベル物理学賞受賞。
一九六六	四一	46	3・10 日本万国博覧会テーマ専門調査委員。 5・5 日本学術会議第8回国際人類学・民族学会議組織委員会委員（～一九七〇年4月14日）。	中国で文化大革命がおこる。

西暦	和暦	年齢	事項	社会
一九六七	四二	47	**5月** 日本万国博覧会広報専門調査委員会委員。 **7・3** 「万国博をかんがえる会」の加藤秀俊、小松左京とともに万国博の研究のためカナダのモントリオール博の準備状況、及びアメリカのニューヨークのワールドフェアーの跡地を視察。メキシコを旅行し、ハワイ経由で7月19日帰国。 **7月** 河出書房の「人類の歴史」(全24巻)に第25巻『人類の未来』の追加企画が生まれ、執筆を承諾。5年ほどのあいだに、こざねをつくり、構想をまとめながら目次をつくったが未完におわる。目次の最後の項は「暗黒のかなたの光明」であった。 **1・20** 『文明の生態史観』(中央公論社)(第5巻『比較文明学研究』)。 **6・14** 第一次京都大学ヨーロッパ学術調査隊(隊長桑原武夫)に参加。主としてスペインのバスク地方で農村調査をしたのち、自動車でポルトガル、スペイン、アンドラ、フランスを旅行。10月12日帰国。	ヨーロッパ共同体(EC)発足。 東南アジア諸国連合(ASEAN)結成。

一九六八	四三	48	**3・4** 京都大学大サハラ学術探検隊（隊長山下孝介）に参加。リビアで牧畜民の調査研究をおこなう。4月9日帰国。 **5月** 日本民族学会の国立民族学研究博物館設立促進委員会委員。のちに博物館問題担当理事。 **6月** 日本万国博覧会世界民族資料調査収集団（EEM）を編成、万国博覧会テーマ館用の民族資料の収集を指揮する。 **7・6** 日本未来学会が発足、その常任理事に就任。 **9・3** 第8回国際人類学・民族学会議が東京および京都で開催（〜9月10日）。万国博のための民族資料収集の可能性や方法について各国の専門家から意見をきく。 **10・1** 「続・知的生産の技術について」（全5回）を『図書』に連載開始。	チェコで自由化運動「プラハの春」がおきる。 核拡散防止（NTP）条約調印。 川端康成、ノーベル文学賞受賞。
一九六九	四四	49	**4・1** 京都大学教授（人文科学研究所）に昇任。社会人類学部門を担当。 **4月末** 日本学術会議第1部会内に国立民族学研究博物館設立小委員会が設置され、そのメンバーとなる。	アポロ11号の月面着陸に成功。 米にてベトナム反戦運動が高まりをみせる。

一九七〇	四五	50	**6・25** 第二次京都大学ヨーロッパ学術調査隊（隊長会田雄次）に参加。谷泰、野村雅一とともに中部イタリアの山村で調査。そのあとユーゴスラヴィアのベオグラード、ツルナ・ゴーラ地方のドルミトール山群で調査。9月27日帰国。 **7・21**『知的生産の技術』（岩波書店）〔第11巻『知の技術』〕。 **8・1** 日本学術会議人類学・民族学研究連絡委員会委員。 **9・27** 日本学術会議人類学・民族学研究連絡委員会付置将来計画小委員会委員。 **5・26、6・23、30** 朝日ゼミナール（大阪）にて「未来社会と生きがい」の講演をおこなう。〔第12巻『人生と学問』〕 **7・30** ウィーンでひらかれた第55回世界エスペラント大会に向け出発。大会終了後ヨーロッパを旅行（オーストリア、イタリア、リヒテンシュタイン、スイス、西ドイツ、ルクセンブルグ、フランス、イギリス）。8月23日帰国。
			日本にて万国博覧会開催。

			10月 万国博覧会跡地利用懇談会の委員となる。懇談会報告書のなかで万国博の跡地に民族学博物館を設置する構想が提示された。	
一九七一	四六	51	**4・29** 第5回日韓エスペラント交流に出席のため、韓国旅行に出発。大邱では、韓日文化交流学術講演会において「文化人類学からみた韓国と日本」と題する講演をエスペラントでおこなった。慶州、ソウルをへて5月6日帰国。 **5・19** 文部省に国立民族学研究博物館（仮称）に関する調査会議（座長桑原武夫）が設置され、その調査協力者となる。 **10・17** 民族学博物館の実状調査のためヨーロッパ諸国（スウェーデン、ノルウェー、西ベルリン、東ベルリン、フランス、ベルギー、イギリス）を視察。11月5日帰国。	ニクソン・ショックにより、欧州各国で変動為替相場制への移行。 中華人民共和国の国連加盟。 沖縄返還協定調印。
一九七三	四八	53	**4・1** 日本写真家協会に入会。 **4・12** 国文学研究資料館教授に配置換、国立民族学研究博物館（仮称）創設準備室長に併任。 **4・12** 京都大学教授（人文科学研究所）に併任（〜一九七四年3月31日）。	第四次中東戦争勃発をうけ、石油危機が発生。 江崎玲於奈、ノーベル物理学賞受賞。

一九七四	四九	54	10・11 国立京都国際会館でひらかれた世界インダストリアルデザイン会議（ＩＣＳＩＤ）において「人の心と物の世界」と題する基調講演をおこなう〔第13巻『地球時代に生きる』〕。 6・7 国立民族学博物館が創設され、その初代館長に就任（～一九九三年3月31日）。創設と館長就任を祝して紫野文苑の苑友より「槐安居」の書をおくられる。これは苑友のひとり、大徳寺龍光院の小堀南嶺和尚の手によるもので、エンジュの額に入れられ館長室の正面の壁面中央にかざられた。 9・10 『文明の生態史観』〔解説　谷泰〕（中公文庫　中央公論社）〔第5巻『比較文明学研究』〕。 9・20 日米知的交流プログラムによって、アメリカ合衆国における博物館の実状調査に出発。ニューヨークのジャパン・ソサエティーにて「日本文明の座標」と題する講演をおこなったのち〔第7巻『日本研究』〕、ボストン、ニューヘイブン、ウイリアムズバーグ、ワシントンDC、ニューオーリンズ、シカゴ、アルバカーキー、サンタ・フェ、ロサンジェルス、サンフ	佐藤栄作、ノーベル平和賞受賞。

西暦	和暦	年齢	事績	社会の出来事
			ランシスコ、シアトルを歴訪。10月26日帰国。 **9・20**『地球時代の日本人』(中央公論社)〔第13巻『地球時代に生きる』〕。	
一九七五	五〇	55	**3・1** 文部大臣永井道雄氏の私的諮問機関「文明問題懇談会」の委員に就任(~一九七六年3月31日)。 **4・1** 外務省国際問題懇談会のメンバーが一部変更されて外交政策懇談会として発足、その委員に就任(~一九八三年3月31日)。 **4・15** 日本ハワイ経済協議会第4回総会にて「海と文明」と題する講演をおこなう〔「太平洋の文明史的意味」と改題のうえ、第13巻『地球時代に生きる』に収録〕。 **12・10**『民族学博物館』(講談社)〔第15巻『民族学と博物館』〕。	ベトナム戦争終結。
一九七六	五一	56	**6・12** 財団法人民族学振興会理事および評議員に就任(~一九九六年6月28日)。 **6・30**『狩猟と遊牧の世界』(講談社学術文庫、講談社)〔第8巻『アフリカ研究』〕。	中国にて第一次天安門事件。毛沢東死去で収束。 ロッキード事件発生。

			9・16 アメリカ建国200年を記念して、大阪で日米交流記念特別講演会がひらかれた。そこで「国際交流の未来学」と題する講演をおこなった。翌日17日には金沢で同名の講演をおこなった〔第13巻『地球時代に生きる』所収〕。	
一九七七	五二	57	**2・9** ブラジル日本移民史料館建設に関する助言のためにブラジルに向かう。復路ペルーのリマ市に立ちより、天野博物館を訪問して意見交換。3月1日　帰国。 **10・5** 国立民族学博物館の広報普及誌『月刊みんぱく』創刊。「館長対談」の連載がはじまる（〜一九九三年3月号、全182回）。 **11・15** 国立民族学博物館の開館記念式典がおこなわれる。一般公開は11月17日。	
一九七八	五三	58	**6・6** ブラジル日本移民70年祭記念式典に出席するためブラジルを訪問。国際シンポジウム「われら新世界に参加す」において、同名の基調講演をおこなう〔第20巻『世界体験』〕。サンパウロをふりだしに、ブラジリア、ポルト・アレグレ、レシーフェ、ベレン、マナウスを歴訪して、7月2日帰国。	日中平和友好条約調印。 ベルリン協定を締結。

			7・23 ブルガリアのヴァルナで開催の第63回世界エスペラント大会に出席。つづいて東ヨーロッパ諸国（ギリシャ、ユーゴスラヴィア、ブルガリア、ルーマニア、ハンガリー、チェコスロヴァキア）を歴訪して、8月10日帰国。 10・22 政府派遣の使節団「中東文化ミッション」が組織され、その団長として、上田篤、板垣雄三らとサウジアラビア、イラン、トルコ、エジプト、モロッコを歴訪。11月10日帰国。	
一九七九	五四	59	6月 『梅棹忠夫著作目録』（中央公論社） 11・16 日本民族学者訪中代表団に団長として参加。白鳥芳郎、岩田慶治、鈴木二郎、米山俊直、木村美智子と、中国雲南省、貴州省、四川省を旅行。12月6日帰国。	東京サミット開催。 米・ソ、ＳＡＬＴⅡに調印。 ソ連のアフガニスタン侵攻。
一九八〇	五五	60	2・15 国際協力事業団の派遣でオーストラリアへ。主として各国からの移民の実状と可能性について視察。シドニー、キャンベラ、カウラ、メルボルン、アリス・スプリングス、ダーウィン、パースを歴訪して2月28日帰国。	インド総選挙でガンディーが初勝利をおさめる。 イラン・イラク戦争勃発。

一九八一	五六	61	3・21 東京でひらかれた国際交流基金主催の国際シンポジウム「イスラーム文明と日本」で同名の基調講演をおこなう〔「イスラーム文明と日本文明」と改題のうえ、第4巻『中洋の国ぐに』に収録〕。 6・12 還暦記念シンポジウム「文明学の構築のために」が開催。「生態系から文明系へ」の題で基調講演をおこなう。〔第5巻『比較文明学研究』に収録〕。 6・18 日本学術振興会と中国社会科学院とのあいだの学術交流に関する覚書調印のため訪中団が組織され、その副団長として参加する（団長天城勲）。北京での調印のあと、遼寧省、陝西省、広東省、上海をまわり、7月3日帰国。 10・16 中国の新疆ウイグル自治区、甘粛省を旅行。10月28日帰国。 11・15 『人類学周遊』（筑摩書房）〔第10巻『民族学の世界』〕。 8・9 中国内モンゴル自治区、山西省を旅行。8月21日帰国。	エジプト大統領サダトの暗殺、ムバラクの昇任。

9・12 ニュージーランドのオークランド、ロトルア、パーマストン・ノース、ウェリントン、クライストチャーチを歴訪。各地の博物館およびマオリ族の生活について視察。9月30日帰国。

10・7 オーストラリアのアボリジニの現状と資源供給地などを視察。アーネムランド、ブルーム、ポート・ヘッドランド、パラバドゥー、パース、アデレード、ホバート、メルボルン、キャンベラ、シドニーをまわる。10月30日帰国。

11・15 『美意識と神さま』（中央公論社）（第19巻『日本文化研究』）。

11・17 ソビエト科学アカデミー民族学研究所のまねきでソ連へ旅行。12月7日帰国。

11・30 『わたしの生きがい論』（講談社）（第12巻『人生と学問』）。

12・6 『美意識と神さま』で日本生活学会の第7回今和次郎賞を受賞。

福井謙一、ノーベル化学賞受賞。

一九八二	五七	62	**6・24** モンゴル人民共和国へ加藤九祚、松原正毅、庄司博史と旅行。イルクーツクからウランバートルへはいる。ハラホリンでオルホン突厥碑文を見たのち、南ゴビまで足をのばす。帰路は鉄道で南下。中国領にはいり、内モンゴル自治区をとおり北京経由で7月12日帰国。 **9・5** 中国の新疆ウイグル自治区を旅行。9月18日帰国。 **10・26** 初の写真展「民族学者　梅棹忠夫の眼」を銀座ニコンサロンで開催（～10月31日）。同名の写真展を大阪ニコンサロン（一九八二年12月9日～12月15日）、千里ニュータウン開発記念室（一九八三年1月17日～1月31日）、神戸市立博物館（一九八三年3月15日～4月10日）、長野県白馬村多目的ホール（一九八三年7月25日～8月7日）でひらく。	フォークランド紛争勃発。 米・ソ、戦略兵器削減交渉（START）を開始。 イスラエル軍、国連特別総会にて侵略軍であるとの決議が下る。
一九八三	五八	63	**6・9** フランス外務省の招聘によってパリの国際外交アカデミーで「日本文明の位置」と題した講演をおこなう〔第7巻『日本研究』〕。6月25日帰国。	大韓航空機撃墜事件発生。

年	年齢	事項	社会の出来事
一九八四 五九	64	**6月**『Le Japon à l'ère Planétaire』（POF, Paris）。 **8・6** 中国の四川省、チベット自治区を旅行。8月20日帰国。 **10・11** 日本アイ・ビー・エム主催の第1回比叡会議に出席。 **11・1** 財団法人民族学振興会千里事務局の事業をひきついで財団法人千里文化財団が新設され、その会長に就任。 **11・20**『Seventy-seven keys to the civilization of Japan』（The Plaza Hotel, Inc.） **11・27** 中国長江下流域総合考察団の団長として上海市、浙江省、江西省、湖南省、湖北省、江蘇省を旅行。12月11日帰国。 **12・20** 比較文明学会が創立され、その顧問に就任。創立総会では「比較文明論の課題」と題する記念講演をおこなった〔第5巻『比較文明学研究』〕。 **4・4** パリで開催の国際会議「太平洋の挑戦——西欧の希望と不安」に出席（～4月10日）。 **4・29** パリのコレージュ・ド・フランスにおいて「近代日本文明の形成と発展」の題で連続	ガンディー首相暗殺、インド各地で反シク教暴動が発生。

西暦	年齢	頁	事項	社会の動き
一九八五	六〇	65	5回講義をおこなう〔第7巻『日本研究』〕。5月23日帰国。 **5月**『Il Giappone nell'era Planetaria』(Spirali Edizioni, Milano)。 **8・6** 中国の内モンゴル自治区、寧夏回族自治区、甘粛省、青海省を旅行。8月18日帰国。 **2・3** 中国の広東省、福建省、広西壮族自治区、海南省を旅行。2月17日帰国。 **4・1** 国際交流基金日本語普及総合推進調査会委員(〜一九八六年3月31日)。この結果、一九八九年7月1日に国際交流基金に国際日本語センターが開所される。 **5・11** パリの在フランス日本大使館の広報文化センター開設を記念して、「日本文明の連続性を探る――伝統社会からハイテク社会へ」の題で講演をおこなう〔第7巻『日本研究』〕。5月18日帰国。 **8・1** 中国の西南民族研究学会イ族学術討論会に出席。雲南省、四川省を旅行。8月14日帰国。	プラザ合意がおこなわれる。 科学万博つくば'85の開催。 日航ジャンボ機墜落事故が発生。

			9・26 日本総合紹介週間出席ならびに民族学に関する意見交換及び施設等の視察のためアメリカ合衆国オレゴン州ポートランド、カナダのヴァンクーヴァーへ向かう。10月7日帰国。	
一九八六	六一	66	2・15 中国山東省、河南省、陝西省を旅行。3月1日帰国。 3・12 朝、視力を喪失していることに気がつき、大阪大学医学部附属病院に緊急入院。ウイルスによる球後視神経炎と診断され、ほぼ7カ月入院生活をおくる。10月に退院したが、視力はもどらないままであった。 5・20 『日本とは何か——近代日本文明の形成と発展』（日本放送出版協会）〔第7巻『日本研究』〕。	米、スペースシャトル・チャレンジャー号爆発事故の発生。 チェルノブイリ原発事故が発生。 日本で男女雇用機会均等法が施行される。
一九八七	六二	67	5・28 『梅棹忠夫の京都案内』（角川書店）〔第17巻『京都文化論』〕。 7・21 フランス共和国パルム・アカデミーク勲章コマンドゥール章受章。 8・18 『京都の精神』（角川書店）〔第17巻『京都文化論』〕。	ソ連でゴルバチョフによるペレストロイカがはじまる。 米・ソ、INF全廃条約に調印。 利根川進、ノーベル生理学・医学賞受賞。

西暦	和暦	年齢	事項	社会
			10・23 『博物館長の十年』（平凡社）〔第15巻『民族学と博物館』〕。 11・30 『日本三都論―東京・大阪・京都』（角川書店）〔第17巻『京都文化論』〕。 11・30 『メディアとしての博物館』（平凡社）〔第14巻『情報と文明』〕。 12・7 『あすの日本語のために』（くもん出版）〔第18巻『日本語と文明』〕。	
一九八八	六三	68	1・29 昭和62年度朝日賞受賞。 3・1 京都大学人文科学研究所名誉所員。 3・1 『日本語と日本文明』（くもん出版）〔第18巻『日本語と文明』〕。 5・26 紫綬褒章受章。 6・10 『情報の文明学』（中央公論社）〔第14巻『情報と文明』〕。 6・20 『日本語と事務革命』（くもん出版）〔第18巻『日本語と文明』〕。 11・10 『女と文明』（中央公論社）〔第9巻『女性と文明』〕。	アフガン和平協定調印でイラン・イラク戦争停戦。
一九八九	平成元	69	3・20 『情報論ノート―編集・展示・デザイン……』（中央公論社）〔第14巻『情報と文明』〕。	昭和天皇崩御。 消費税導入開始。

西暦	和暦	年齢	事項	一般事項
一九九〇	二	70	4・25『情報の家政学』（ドメス出版）（第9巻『女性と文明』）。 5・30『研究経営論』（岩波書店）（第22巻『研究と経営』）。 6・15『21世紀の人類像をさぐる』（講談社）。これはのちに「緒論――民族とはなにか」を書きたして『21世紀の人類像――民族問題をかんがえる』（講談社学術文庫）として一九九一年9月10日に刊行された（第13巻『地球時代に生きる』）。 9・13『民博早わかり』（千里文化財団）。 9・30『日本学周遊』（筑摩書房）（第19巻『日本文化研究』）。 10・20「梅棹忠夫著作集」（中央公論社）第1回配本の『比較文明学研究』（「著作集」第5巻）を刊行。 12・10『夜はまだあけぬか』（講談社）。 12・20『アジアをみる目』（「著作集」第6巻）。 1・12『情報管理論』（岩波書店）（第22巻『研究と経営』）。 2・20『民族学と博物館』（「著作集」第15巻）。	中国で第二次天安門事件発生。 ベルリンの壁崩壊。 米・ソによるマルタ会談で冷戦終結。 米ソ首脳会談、ＳＴＡＲＴⅠで合意。 イラクによるクウェート武力侵攻。

西暦	和暦	齢	事項	社会の出来事
一九九一	三	71	4・20 『探検の時代』（「著作集」第1巻）。 5・24 『日本とはなにか』（三カ国語版）（国際文化フォーラム）。 7・20 『アフリカ研究』（「著作集」第8巻）。 8・30 『日本研究』（「著作集」第7巻）。 10・1 平成2年度国際交流基金賞受賞。 10・20 『モンゴル研究』（「著作集」第2巻）。 11・15 『千里ぐらし』（講談社）。 12・20 『中洋の国ぐに』（「著作集」第4巻）。 2・25 『女性と文明』（「著作集」第9巻）。 3・28 比較法史学会が設立され、その顧問となる。同時に学会機関誌『比較法史研究』の編集顧問にもなる。 4・30 『生態学研究』（「著作集」第3巻）。 6・20 『民族学の世界』（「著作集」第10巻）。 8・20 『情報と文明』（「著作集」第14巻）。 10・20 『地球時代に生きる』（「著作集」第13巻）。 11・3 文化功労者として顕彰される。 12・10 『回想のモンゴル』（中央公論社）。 12・20 『人生と学問』（「著作集」第12巻）。	東西ドイツ統一。 湾岸戦争勃発。 南ア、デクラーク大統領がアパルトヘイト体制の終結を宣言。 ソビエト連邦解体。

一九九二	四	72	1・21『実戦・世界言語紀行』（岩波書店）〔第20巻『世界体験』〕 2・20『知の技術』（「著作集」第11巻）。 6・20『日本文化研究』（「著作集」第19巻）。 8・20『日本語と文明』（「著作集」第18巻）。 9・30『裏がえしの自伝』（講談社）。 10・20『京都文化論』（「著作集」第17巻）。 12・20『山と旅』（「著作集」第16巻）。	国連カンボジア暫定行政機構設置。 中韓の国交樹立。
一九九三	五	73	2・20『都市と文化開発』（「著作集」第21巻）。 3・31 国立民族学博物館長を任期満了により退任。 4・1 国立民族学博物館顧問及び同館名誉教授。 4・1 総合研究大学院大学名誉教授。 4・20『研究と経営』（「著作集」第22巻）。 5・2 日本ローマ字会会長。 6・20『世界体験』（「著作集」第20巻）。	米・ロ、ＳＴＡＲＴⅡに調印。 欧州、マーストリヒト条約発効で欧州連合（ＥＵ）発足。
一九九四	六	74	6・12 北山の京都一中のヒュッテ跡に今西錦司記念碑がつくられ、その除幕式に出席。雲ヶ畑川の上流まで車でゆき、あとはゴム長靴で渡渉をくりかえしてあるく。おおくの人の協	南ア大統領にネルソン・マンデラが就任。 大江健三郎、ノーベル文学賞受賞。

西暦	和暦	齢	関連事項	一般事項
			力をえて、目が不自由ながらも現地にゆくことができた。 **6・20** 『梅棹忠夫年譜　総索引』（「著作集」別巻）。これをもって、『梅棹忠夫著作集』（全22巻　別巻1）が完結。 **11・3** 文化勲章受章。	
一九九五	七	75	**1・15** 『夜はまだあけぬか』（講談社文庫、講談社）。 **10・14** 日本山岳会名誉会員。	阪神・淡路大震災発生。 ＷＴＯ（世界貿易機関）発足。
一九九六	八	76	**1・1** 『日本経済新聞』の「私の履歴書」欄に連載開始（全30回）。 **1・9** 京都大学名誉教授。	包括的核禁止条約（ＣＴＢＴ）採択。
一九九七	九	77	**6・13** 『行為と妄想――わたしの履歴書』（日本経済新聞社）。 **8・10** 国際モンゴル学会の名誉会員に推薦されたため、モンゴルへ失明後はじめての外国旅行に出かける。授与式は8月12日、ウランバートルでおこなわれた。式ののち、陸路カラコルム往復。再度オルホン突厥碑文をみる。8月17日帰国。	アジア通貨危機発生。 地球温暖化防止京都会議開催。 対人地雷禁止条約に一二一カ国が署名。

一九九八	一〇	78	8・25『世界史とわたし――文明を旅する』(NHKブックス、日本放送出版協会)。 9・17 写真展「民族学者 梅棹忠夫の眼」を大阪南港WTCのJICAギャラリーにて開催(〜10月12日)。	印パによる地下核実験の強行。 日韓首脳会談の開催。
一九九九	一一	79	1・18『文明の生態史観 改版』(中公文庫、中央公論社)。 4・24 日本ローマ字会で検討をかさね、日本語のローマ字表記方式として「99式」を発表。「翻字法としてのローマ字」「カナにしたがったローマ字つづり」「長音記号はふりがな方式」をその基本的原理とした。 11・3 勲一等に叙せられ瑞宝章を受章する。	欧州単一通貨ユーロが一一カ国で導入。 コソボ紛争。NATO軍によるユーゴ空爆。
二〇〇〇	一二	80	1・24 国際協力事業団海外移住資料展示・情報検索にかかる実行委員会名誉顧問(〜二〇〇二年3月31日)。のちに特別監修者となる。二〇〇二年一〇月にJICA横浜移住資料館が開館。この館の基本テーマは、一九七八年にブラジル移民70周年記念シンポジウムでおこなった基調講演「われら新世界に参加す」である。	韓国・北朝鮮の南北首脳会談が開かれる。 白川英樹、ノーベル化学賞受賞。

二〇〇一	一三	81	**7・10**『近代世界における日本文明——比較文明学序説』（中央公論新社）。 **10・27** 信州大学山岳科学総合研究所設立に際し、山岳科学フォーラムが開催。そこで特別講演「山と学問」をおこなう。	対米同時多発テロ発生。 小柴昌俊、ノーベル物理学賞、野依良治・田中耕一、同化学賞受賞。
二〇〇二	一四	82	**4・25**『行為と妄想——わたしの履歴書』（中公文庫、中央公論新社）。 **5・11** 第1回放送人グランプリ特別功労賞。 **10・30** 財団法人C&C振興財団より二〇〇二年度C&C賞を受賞。 **11・10**『文明の生態史観ほか』（中公クラシックス、中央公論新社）。生存中に「古典」にされたのは、レヴィ=ストロースと梅棹のみ。	国連安保理、イラク制裁決議案を全会一致で採択。 日朝首脳会談により拉致被害者五人が帰国。
二〇〇三	一五	83	**2・23**「西堀栄三郎記念　探検の殿堂」に「探検家」として顕彰される。 **3月**『文明の生態史観』の英語訳『An Ecological View of History: Japanese Civilization in the World Context』（Trans Pacific Press, Melbourne）。 **5・25** 日本民族学会名誉会員。	イラク戦争勃発、米英軍による攻撃が開始。 日韓首脳会談開催。

二〇〇六	一八	86	**11・19** 比較文明学会（第24回）シンポジウム「文明史観を考える」でコメントをのべる。	
二〇〇七	一九	87	5月から7月まで、読売新聞社から週2～3回の取材を受け、「時代の証言者」（全25回）のインタビュー記事となる。（9月12日～10月17日掲載）。	
二〇〇八	二〇	88	**6・1** 米寿記念シンポジウム「梅棹忠夫の世界」が開催され、出席してコメントをのべる。シンポジウムの内容は、二〇〇七年の読売新聞社の「時代の証言者」をくわえて、同年12月に『梅棹忠夫に挑む』（石毛直道・小山修三編、中央公論新社）として刊行される。	リーマン＝ショック発生、世界的に金融危機の状態となる。 チベット自治区で反中国政府デモが激化。 ノーベル物理学・化学賞で日本人4人が同時受賞。
二〇〇九	二一	89	**6・1** 『梅棹忠夫著作目録（一九三四－二〇〇八）』（『Senri Ethnological Reports』no.86　国立民族学博物館）。 **7・5** 『山をたのしむ』（山と溪谷社）。「著作集」第16巻『山と旅』をのぞいて、山に関する最初で最後の単行本となった。 **10・30** 梅棹が撮影した写真約三六〇〇〇点とプリント、アルバムなどを国立民族学博物館に寄贈。	サブプライム不況が世界中で深刻化、同時株安・通貨暴落が発生。

西暦	平成	年齢	事項	社会の出来事
			11・11『知識生産の技術』(ソウル、ブック・フォース社)(『知的生産の技術』の韓国語版)	
二〇一〇	二二	90	**3月**『山をたのしむ』の刊行がきっかけで「梅棹忠夫・山と探検文学賞」が創設される。 **5・17** 写真展「民族学者　梅棹忠夫の眼」を信濃毎日新聞本社ロビーにて開催(〜6月5日)。 **7・3** 老衰のため自宅で逝去。本人の希望どおり、家族に看取られながらの自然な最期であった。 ＊＊＊ **9・15** 米寿シンポジウムのコーディネイターをつとめた小山修三が、その準備のため二〇〇八年2月から聞き書きをした内容が本にまとめられた。その書『梅棹忠夫　語る』(日経プレミアシリーズ、日本経済新聞出版社)を本人は手にすることができなかった。 **10・20** 国立民族学博物館で「梅棹忠夫先生をしのぶ会」がひらかれる。約一二〇〇人が献花におとずれた。	ギリシア財政危機による世界株安の連鎖がつづく。 沖縄返還時の日米核密約の存在が確認される。 米軍、イラクから完全撤退。
二〇一一	二三		**3・3〜6・14** 企画展「民族学者　梅棹忠夫の眼」(写真展)が国立民族学博物館本館展示棟で開催される。	中東諸国に民主化運動「アラブの春」広がる。

3・10～6・14　特別展「ウメサオタダオ展」が国立民族学博物館特別展示棟で開催。入館者数、約四三〇〇〇。展示の解説書『梅棹忠夫――知的先覚者の軌跡』（千里文化財団）をはじめ、『HUMAN』（角川学芸出版）、『考える人』（新潮社）、『梅棹忠夫――未知への限りない情熱』（山と溪谷社）、『梅棹忠夫――「知の探検家」の思想と生涯』（中央公論新社）などの評伝が刊行された。展示からは『梅棹忠夫のことば』（河出書房新社）、『ウメサオタダオに出あう』（小学館）、『梅棹忠夫、世界のあるきかた――ひらめきをのがさない！』（勉誠出版）などが生まれた。

4・25　『裏がえしの自伝』〔解説　小長谷有紀〕（中公文庫、中央公論新社）

8・25　『回想のモンゴル（改版）』（中公文庫、中央公論新社）

12・21～翌2・20　東京の日本科学未来館にて、企画展「ウメサオタダオ展――未来を探検する知の道具」開催。入館者数、約二〇〇〇〇。

中国のGDPが日本を抜き世界第二位になる。

東日本大震災発生、福島第一原発事故が最悪の「レベル7」規模と発表される。

国連世界人口白書、世界人口が七〇億人に達したと発表。

二〇一二	二四	**1・10** 『人間にとって科学とはなにか』（中公クラシックス　中央公論新社）。一九六七年発行の同名の書（中公新書）に3本の対談をくわえ、これで湯川秀樹との談論がすべておさまる。	日本国内の原発全五〇基が停止。 東京スカイツリー開業。 ロシア、WTO加盟。
二〇一三	二五	**1・20** 『梅棹忠夫の「人類の未来」――暗黒のかなたの光明』（梅棹忠夫著　小長谷有紀編、勉誠出版）は東京展のガイドブック的に企画され、開幕に合わせて制作。 **3・27** 梅棹アーカイブズのうち、内モンゴルからもちかえった資料から、小長谷有紀、堀田あゆみ編『梅棹忠夫のモンゴル調査　スケッチ原画集』（「Senri Ethnological Reports」no.111、国立民族学博物館）が刊行。 **4・1** 国立民族学博物館に梅棹資料室が開室される。 **この年** 『Japanese Civilization in the Modern World: An Introduction to the Comparative Study of Civilizations』（『近代世界における日本文明―比較文明学序説』の英語訳）（Japan Archiv, Bier'sche Verlagsanstalt, Bonn）刊行。	韓国で初の女性大統領として朴槿恵が就任。

年	年齢	事項	社会の出来事
二〇一四	二六	**6月** 国立民族学博物館のHPで「梅棹忠夫アーカイブズ」が公開開始。 **9・10**『日本探検』〔解説　原武史〕（講談社学術文庫、講談社） **11・7** 梅棹アーカイブズのうち、モンゴル調査のローマ字カード約五〇〇〇枚をつかって、小長谷有紀編『梅棹忠夫のモンゴル調査 ローマ字カード集』（「Senri Ethnological Reports」no.122、国立民族学博物館）が刊行。 **12月**『民族学家的京都導覧』（台湾、遠足文化事業股份有限公司）（『梅棹忠夫の京都案内』の中国語（台湾）版）。	ロシア、クリミア自治共和国の編入を表明。 富岡製糸場と絹産業遺産群が世界遺産に登録。 赤崎勇・天野浩・中村修二がノーベル物理学賞を受賞。
二〇一五	二七	**4月** 学習キット「みんぱっく」の「あるく、ウメサオタダオ展」運用開始。 **6・25**『知的生産の技術』が改版される。文字がおおきく、読みやすい本となった。（岩波新書 第94刷改版、岩波書店） **6・26**『山をたのしむ』〔解説　小長谷有紀〕（ヤマケイ文庫、山と溪谷社） **12・10**『日本語と事務革命』〔解説　京極夏彦　山根一眞〕（講談社学術文庫、講談社）	安全保障関連法成立。 仏でパリ同時多発テロが発生。 梶田隆章、ノーベル物理学賞、大村智、同生理学・医学賞受賞。

二〇一六	二八		4・1 梅棹忠夫アーカイブズの寄贈について、梅棹淳子と国立民族学博物館とのあいだで覚書がかわされる。 6月 『智識的生産技術』(北京、商務印書館)(『知的生産の技術』の中国語版)。

作成・三原喜久子、一般事項は編集部で加筆。

や　行

ら　行

な 行

は 行

ま 行

た　行

《著者紹介》

小長谷有紀（こながや・ゆき）

1981年　京都大学文学部史学科卒業。同大学院博士課程に進んだ後，満期退学。
1986年　京都大学文学部助手。
1987年　国立民族学博物館助手，1993年同助教授，2003年同教授。
2011年3～6月まで国立民族学博物館で特別展「ウメサオタダオ展」の実行委員長を務め，2011年12月～2012年2月まで日本科学未来館にて企画展「ウメサオタダオ展──未来を探検する知の道具」の企画運営を推進する。2013年紫綬褒章受章。
現　在　人間文化研究機構理事。
主　著　『モンゴルの春──人類学スケッチ・ブック』河出書房新社，1991年。
『モンゴル草原の生活世界』朝日選書，1996年。
『モンゴルの二十世紀──社会主義を生きた人びとの証言』中公叢書，2004年。
『ウメサオタダオと出あう　文明学者・梅棹忠夫入門』小学館，2011年。
『人類学者は草原に育つ──変貌するモンゴルとともに』臨川書店，2014年ほか。

叢書・知を究める⑪
ウメサオタダオが語る、梅棹忠夫
──アーカイブズの山を登る──

2017年４月30日　初版第１刷発行　〈検印省略〉

定価はカバーに
表示しています

著　者　小長谷　有　紀
発行者　杉　田　啓　三
印刷者　田　中　雅　博

発行所　株式会社　ミネルヴァ書房
607-8494　京都市山科区日ノ岡堤谷町１
電話代表（075）581-5191
振替口座 01020-0-8076

創栄図書印刷・新生製本

ISBN978-4-623-08008-3
Printed in Japan